學術論文集叢書

域外華人的多音交響：

2022「東南亞社會與文化」國際學術研討會論文集

簡光明　主編

從假日學校到新南向社會文化研討會

　　2016年，總統府通過「新南向政策」政策綱領，行政院通過「新南向政策推動計畫」，教育部則擬定「新南向之人才培育」計畫，一時之間，大學校院紛紛推出新南向計畫，以為響應。2017年秋，古源光校長體察國家政策與教育發展趨勢，希望各學院提出冬日學校計畫，向東南亞國家招收學生來臺參加活動，人文社會學院推出「2018冬日學校：臺灣人文社會面面觀」。

　　人文社會學院以推動「屏東學」為學院特色，是本校系所最多、學術領域最廣的學院，因此課程安排有濃厚的南臺灣特點。開幕典禮的表演，則由音樂系學生負責；文化創意產業學系老師開設「生活微電影製作」，教導學生紀錄在屏東學習的生活點滴；視覺藝術學系老師帶學生到高雄駁二特區、橋頭糖廠、奇美博物館、臺南孔廟文化園區，認識臺灣視覺藝術的發展，欣賞藝術與建築之美；中國語文學系老師講解中國文字趣談，讓學生能領略中國文字之結構與意涵，到美濃去欣賞油紙傘與美濃窯，認識六堆客家文化；原住民專班老師帶學生到臺灣原住民文化園區、老七佳部落、蜻蜓雅築珠藝工作室，認識排灣族原住民文化；社會發展學系老師講解屏東鄉鎮的社區營造，參訪屏南社區大學、竹田驛站、恆春半島，踏查萬年溪，認識屏東社區的發展；此外，特別商請應用化學系老師講解生活化學，教學生自製手工皂與防蚊液。課程最後，還有學生的微電影發表與分享。

　　冬日學校課程內容豐富多元，講授方式生動活潑，不偏重理論，而以實務為主，人文社會學院各系學生擔任志工，帶領學伴課餘走訪高雄與臺南，認識臺灣風土人情，都讓到屏東來的東南亞學生留下深刻而美好的印象。2018與2019年暑假辦理假日學校，東南亞國家的學生報名踴躍，有些來過的學生還想再來，因為名額有限，最後只能錄取三分之一左右。2019年底，新冠肺炎爆發，在全球蔓延開來，假日學校無法再辦。

疫情的發展，讓原本熱絡的學術活動因為大學師生無法跨國移動而大受影響。因應疫情的發展，線上模式成為最新的學術交流方式，各種形式的線上開會、線上教學、線上研討會應運而生。假日學校若缺乏有溫度的踏查與交流活動，可能跟網路上的各種臺灣文化介紹沒有太大的不同，因此，我們思考轉換辦理形式的可能性，國際學術研討會是不錯的選擇。

我大略地盤點學院內的系所與東南亞國家的學術交流概況，發現系所正式交流起於2010年4月。當時，學校辦理學術單位評比，中文系獲得系所特色第二名、整體發展第三名，學校獎勵十餘萬元。因執行計畫與辦理多場學術活動，師長們已經人仰馬翻，不好再辦活動來折磨大家，海外學術交流是比較好的選項。於是我們聯繫新加坡國立大學、新加坡戲曲學院、馬來西亞新紀元學院，中文系十二位老師於2010年4月國際學術交流週踏上新南向學術之旅。2011年到2016年，學系持續與馬來西亞的多所大學合作，並到越南、泰國等國家學術交流，奠定學術合作的基礎。此外，原住民專班李馨慈主任與羅永清老師與菲律賓大學合作開課，2019年暑假帶領原專班學生到菲律賓巴丹島學習與對話，研討會既可以做為課程的延續，也可以做為下一次合作的基礎。會議初步架構確定之後，就由黃文車主任與李馨慈主任負責聯繫與邀請。

2022「東南亞社會與文化」國際學術研討會於2022年4月15日舉辦，獲得廣泛的迴響，與會學者多肯定在疫情期間藉由線上國際學術研討會發表新知、交換心得、聯絡感情的功能。2023年4月14日我們將舉辦2023「東南亞族群與文化」國際學術研討會，邀請學院更多的學系以及東南亞不同的大學參與，期待在疫情解封之後，能有更多跨國的實體交流。

從研討會的籌備、會議的舉辦到會後論文集的編印，本學院林秀蓉副院長與中文系黃文車主任均全程參與，備極辛勞。有關會議主題與論文集內容，兩篇序文已做了清楚的說明，茲不贅述。在此僅略述舉辦會議的背景與機緣。

是為序。

簡光明

國立屏東大學人文社會學院院長

迎向共榮共好的願景

　　本校中文系與東南亞校際之間互動密切，從2008年至2016年，曾拜訪越南胡志明市師範大學、河內人文社會科學大學、河內外語大學，新加坡國立大學與戲曲學院，馬來西亞新紀元學院、韓江學院、拉曼大學、博特拉大學，以及泰國正大管理學院等，藉此了解各校創辦特色與發展，並建立交流的共識，無論是交換生就讀、華語教學實習、教師客座講學、學術研究的切磋，皆相當活絡。就個人而言，南向參訪也引發我對南洋華人文學研究的興趣。實地踏查那片土地，隨處可見熱帶植物青翠的美景，不覺想起王潤華詩文中的橡膠園林，李永平、黃錦樹小說中的赤道雨林，甚至是陳大為、鍾怡雯散文中的怡保風情，尤其街道上林立著端正漢字的招牌，見證漢文化在新馬開枝散葉的張力。基於對南洋這個獨特的文化環境情有獨鍾，驅使我日後陸續發表馬華作家王潤華、印尼娘惹張福英的相關論述。原來，校際交流與地方踏查影響所及，不僅孕育學術研究能量，也拓展個人研究視野。

　　人文社會學院在疫情蔓延時，希望以雲端作為橋樑，聯繫本校與東南亞校際之間的友誼，特於2022年4月15日（週五）首次主辦「東南亞社會與文化」國際學術研討會，由中國語文學系承辦、文化發展原住民專班合辦，匯聚臺灣、馬來西亞、越南與菲律賓等人文社會領域相關的學者。感謝中文系黃文車主任鼎力協助，使會議得以圓滿順利的舉辦，無論是專題演講、論文發表與座談，精彩紛呈，獲得廣大的迴響。

　　專題演講方面，特別邀請國立成功大學中文系陳益源特聘教授主講〈從新文獻的挖掘談東南亞漢學的研究——以孫樉於廣西所見之越南使節與越南詩作為例〉，陳教授在中越文化交流的研究上，發人所未發，言人所未言，著作成果斐然，並皆已翻譯成越南文出版，曾榮獲越南社會科學院「越南社

會文化貢獻勳章」。感謝陳教授惠賜講題論文稿，內容透過使節的特殊視角，反映中越文學文化的交流與影響，不僅在異國文化的研究上有深刻啟發，同時在地方文學史料的挖掘上也有重大發現。

　　本論文集收錄與會學者佳構鉅作，總計八篇論文，概可分為三項主題，其一華人語言與禮俗文化，嚴立模助理教授（本校）〈《華夷通語》中的閩南語文白異讀〉，以1900年重刊的馬來語漢語對照詞彙集《華夷通語》為探討對象，觀察下南洋的閩南語族群如何學習簡單的馬來語，以應生活及生意所需。廖文輝主任（新紀元大學學院）〈馬來西亞華人的生活禮俗〉，透過誕生、成年、婚嫁和喪禮等禮俗，以及民俗禁忌等日常，微觀移民社會的在地調適和融入，再現一種有別於原鄉的在地華人生活禮俗。其二華人文學與書報雜誌，黃琦旺副教授（南方大學學院）〈廿世紀卅年代馬華文學附刊呈現的「外在」社會現象——以《荒島》為例〉，針對《荒島》內容主題所標誌的風格基調與書寫意識，探知當時移民的存在困境，以及馬華文學的時代表徵。魏月萍副教授（蘇丹依德理斯教育大學）〈馬華文學雜誌的「第三世界」文學感知——以1950、60年代的《蕉風》、《浪花》為例〉，比較《蕉風》與《浪花》在馬來亞獨立前後不同的文學觀，以及對於「第三世界」所反映的文學感覺、關懷主題與表達形式之異同。阮進立助理教授（文郎大學）〈「他鄉」、「故國」、「地方感」——談鄭懷德《艮齋詩集》中的離散與認同〉，透過回溯明末清初鄭懷德的家族史，以及其在越南、高棉、中國等地的生活歷程中，如何建構地方認同，裨補華人離散文學的相關研究。其三宗教信仰與會館歷史，杜忠全主任（拉曼大學）〈印順法師及其佛學思想在馬來西亞的傳播初探——以教學活動為考察核心〉，發現從《妙雲集》的推廣到中觀課程的設置，持續受到學員的歡迎，標誌著印順佛學思想在馬來西亞漢傳佛教界的傳播日廣，影響漸深。范文俊正研究員（越南社會科學翰林院）〈越南河內市粵東會館歷史與孫中山來往談論〉，運用粵東會館的史料與碑文，探究粵東會館與華人的關係，並彰顯粵東會館在當代的文化價值。每篇論文見解精闢，兼具地方化與國際化的多元語境，深具學術意義與價值。

　　座談方面，其一議題為「後疫情時代臺灣與東南亞的交流發展」，與談

人張曉威院長（拉曼大學）、魏月萍副教授、武氏河主任（下龍大學）與阮玉詩主任（胡志明市人文社會科學大學）在線上熱切對話，提出未來交流的寶貴建議，如開設線上課程模式、建立專題研究小組、擴展跨族群的交流、輪流舉辦師生學術研討會，以及透過出版翻譯推動校際合作等等，共同期待整合各校相關資源，建置教學與研究交流的網絡。另一場座談議題為「臺灣與菲律賓的原住民交流與對話」，邀請 Edwin Winston A. Valientes 助理教授（菲律賓大學）、羅永清助理教授（國立東華大學，原任教於本校）、李馨慈主任（本校）三位與談人，分享本校原民專班於2019年與菲律賓大學合作，前往巴丹島進行田野調查的成果與省思，藉著採訪當地達悟族的語言與文化，反映四百年前西班牙殖民以來的變化，進而體認臺灣在世界中的不同經歷，並思考身為原住民的標誌與認同的基礎。這場座談呈現南島文化的多元樣貌，為東南亞華人社會與文化研究擴展跨族群對話的空間。

這幾年面臨疫情的挑戰，是危機也是契機，有此機緣促成本次會議的舉辦，由衷感謝與會人士，以及惠賜鴻文的學者專家。籌辦過程，院辦同仁發揮團隊合作的精神，從學者的聯繫、論文的催稿、議程的掌握，到論文集的編輯，群策群力，感念在心。所謂「海內存知己，天涯若比鄰」，期待未來能落實校際實質的交流，齊聚一心，迎向共榮共好的願景。

林秀蓉

國立屏東大學人文社會學院副院長

文化追尋的在地實踐

　　百年以來，隨著東協經濟體系的結盟茁壯，世界對於東南亞與南亞國家的重視程度與日俱增；在此同時，除了當地經濟發展備受矚目外，東南亞各國的文化風情也在不同的影像及紀錄中逐一被世人看見，而東南亞華人社會發展與華人文化傳承更是當地華社與會館致力賡續之重要目標。

　　海外華人對於「祖先記憶」的追尋，或許也可以視為一種在地文化生成與多元實踐的現象，不過在地華人仍努力面對族群、文化象徵甚至是政治表態等問題，相對於後殖民、去帝國霸權的論述，王德威院士在〈華夷風起——馬來西亞與華語語系與華語語系文學〉中曾提出所謂的「後遺民論述」，以便在海外面對中國性或者華語所謂的正統性和遺產性繼承權的問題時，帶來的新的選擇。但所謂的「傳統性」（中國性）和「本土性」（馬華性）的延續承襲或衝突消長，是不斷辯證與對話的過程，也是在地華人在「失去」、「殘存」、「留傳」三者交織關係中還可能出現的新的選擇。Mike Crang 在《文化地理學》中也提到我們或許需要理解文化可能不是整體性的「生活方式」，而是由不斷組合與重新組合著周遭碎片的人們所拼組，在領土之外與跨文化的連結中，創造了不同文化並置、變化的第三空間。因此，進行東南亞華人社會或文化研究時，需避免被所謂的傳統文化與血統論綁架的偏頗誤差，如我們所知「身分認同」未必只能由「血統」所決定，反而是社會和文化交互作用的結果。種族、階級、性別、地理位置影響「身分」的形成，具體的歷史過程、特定的社會、文化、政治、語境也對「身份」和「認同」有著決定性的作用。

　　透過本次由國立屏東大學人文社會學院主辦並集結的《域外華人的多音交響：2022「東南亞社會與文化」國際學術研討會論文集》後續出版，我們

可以觀察孫樏所見的越南使節與越南詩作、越南河內粵東會館歷史及鄭懷德的《艮齋詩集》中的離散與認同；或是馬來西亞的華人生活禮俗、印順法師及其佛學思想傳播，馬華文學中《荒島》附刊到《蕉風》、《浪花》雜誌中的外在社會現象與第三世界文學感知探討，以及《華夷通語》中的跨語學習等，在在多能為我們提供觀察東南亞華人社會與文化發展過程中的多音交響例證，而這也是東南亞華人對於文化追尋過程中持續不斷的在地實踐與多元辯證成果。

黃文車

國立屏東大學中國語文學系主任

目次

孫橒於廣西所見之越南使節
與越南詩作

陳益源*

摘　要

歷來越南使節奉派到中國，行經各地，常隨身攜帶越南漢籍和自己的作品，與中國官員、文人相互切磋，進行雙向的文化交流。這些被他們帶到中國的越南漢籍往往會被留下來，而他們在使程中的詩文創作也可能沒有帶走，或者雖帶回國卻又已佚失，而獨存於中國。因此，從越南使節們所交往的中國官員、文人身上著手，不失為擴大蒐集越南海外漢籍文獻的重要管道之一。本文作者在這樣的思維下，發現有位知名度不高但熱衷詩學的中國文人孫橒，他於1869-1874年間在廣西蒼梧、桂林、貴縣等地，與阮思僩、阮有立、范熙亮、阮修等越南使節有過面對面的親密交往，相互贈書，彼此唱和。本文針對他所著《餘墨偶談》初集、續集進行全面爬梳，從中得知越南明命王子綿審《倉山詩集》、綿宧《貢草園集》、駙馬范登述《蕉林詩集》、嗣德名臣阮思僩《燕軺詩草》在中國的許多珍貴訊息，以及孫橒對它們的高度評價，同時也欣賞到越南使節阮修獨留在中國一些充滿真情與文才的精彩詩作，為越中文化交流留下了歷史性的一頁經典畫面。

關鍵詞：孫橒、《餘墨偶談》、越南使節、阮思僩、阮有立、范熙亮、阮修

---

* 國立成功大學中國文學系特聘教授、臺灣中文學會理事長。

一　前言

　　越南歷來珍藏大量中國漢籍，書籍輸入的管道之一是透過如燕使節沿途採購所得，或者得諸沿途官員、文人的餽贈，累積數量龐大；許多越南使節在返國之後，也將其使程之作集結成冊，形成一批琳瑯滿目的燕行文獻，促進了越南漢喃文學的蓬勃發展。[1]

　　不過，我們在探討越中文化關係的議題時，應該要留意到越南使節們不只是到中國買書，把中國書和自己的作品帶回去而已，事實上，他們也經常把越南書和自己的作品帶到中國，與中國官員、文人相互切磋，進行雙向的文化交流。這些被他們帶到中國的越南書很自然就會留在中國，而他們在出使往返途中所進行的詩文創作也可能沒有帶走，或者雖帶回國卻又已佚失，而獨存於中國。

　　出於這樣的思考，我們如果有意在越南海外廣蒐越南漢籍與使節作品的話，不妨將焦點擺在中國，特別是越南使節行經各地的風景名勝古蹟和名人故里家廟，當有意外的斬獲，譬如我們在河南湯陰岳王廟、山東濟寧仲夫子廟就發現了越南使節留在中國的多方詩碑與大量詩作[2]。再者，把眼光放到越南使節在中國所交往的官員、文人的身上也是可行的方向，畢竟這些中國官員、文人像是王㷍、福康安、周凱、繆艮、馬士龍、梁章鉅、盧坤、勞崇光、曾國藩、何紹基、王先謙、陳三立、唐景崧、王韜、李鴻章等等[3]，均

1　以上所言，筆者各有論述，可參陳益源《越南漢籍文獻述論》（北京：中華書局，2011年9月）、《越南阮朝所藏中國漢籍與使華詩文》（河內：河內師範大學出版社，2018年1月）二書。

2　詳見陳益源〈清代越南使節於中國刻詩立碑之現場考察：河南湯陰岳王廟〉（載於《越南與東方思想文化交流》，胡志明市國家大學所屬人文與社會科學大學文學系主編，2017年11月，頁956-975）、〈清代越南使節於中國刻詩立碑之現場考察：山東濟寧仲夫子廟〉（載於《成大中文學報》，2020年9月，頁157-178）。

3　阮宗窒（1693-1771）《使程詩集》提及在南京接觸到王㷍（1719-1771，著名小說《儒林外史》作者吳敬梓的長子），黎侗（1750-1805）《使程詩集》提及在廣西梧州拜謁過兩廣總督福康安（1754-1796），李文馥（1785-1849）《閩行雜詠》提及在福建接觸到

非泛泛之輩。此外，歷來越南使節們在中國各地接觸過的地方官吏和文人雅士還有很多，即便知名度不高，卻也極可能留下珍貴的文獻記載[4]，筆者最近發現長期被忽略的孫檉，就是其中一個典型的例子。

比起上述聲名顯赫的中國官員、文人而言，孫檉可能幾近乎默默無聞，但是機緣湊巧，他於廣西數度遇見越南使節，有機會親眼目睹多部越南名家詩集並且獲贈越南使節詩作，是一位值得我們特別關注的對象。

二　孫檉及其《餘墨偶談》初集、續集

孫檉（?-1876）[5]，字丹五，號詩樵，直隸遵化人，監生，少聰慧，能

4　興泉永道周凱（1779-1837，1835年漂流越南之蔡廷蘭的恩師）、《粵行吟草》等書提及在廣東密切交往的文豪繆艮（1766-1835，號蓮仙，其《文章遊戲》盛傳越南）、《鏡海續吟草》提及在澳門詩詶海防同知馬士龍、《使程誌略草》提及廣西巡撫梁章鉅（1775-1849），汝伯仕《粵行雜詠編輯》提及在廣東交往過繆艮和兩廣總督盧坤（1772-1835），阮攸（1799-1855）《星軺隨筆》、阮文超（1797-1872）《方亭萬里集》、范芝香（?-1871）詩集都提及時任廣西按察使的勞崇光（1802-1867，他曾以冊封使身分至越南），阮思僴（1823-1890）《燕軺筆錄》等書提及在河北晉謁直隸總督曾國藩（1811-1872，《曾國藩日記》有與三位越南使節「筆談良久」並手書對聯橫幅大字以贈的記載）、在湖南登舟筆談的大書法家何紹基（1799-1873），裴文禩（1832-1895）《中州詶應集》收錄中國士大夫投贈或唱和者包括有王先謙（1842-1917）、陳三立（1853- 1937），阮述（1842-1911）《每懷吟草》、《往津日記》多次提及唐景崧（1841-1903，1882年自請出關赴越南招劉永福黑旗軍，著有《請纓日記》），以及他在香港拜訪過的王韜（1828-1897，《循環日報》創辦人）、在天津晉見的北洋大臣李鴻章（1823-1901）。

5　阮思僴《燕軺詩文集》附錄之《中州瓊瑤集》，裴文禩之《中州瓊瑤集》，楊恩壽、裴文禩之《雉舟酬唱集》（以上三種收入《越南漢文燕行文獻集成（越南所藏編）》第二十、二十二冊，上海：復旦大學出版社，2010年5月），馬先登之《護送越南貢使日記》、《再送越南貢使日記》，賈臻之《接護越南貢使日記》（以上三種收入李德龍、俞冰主編《歷代日記叢抄》，北京：學苑出版社，2006年），以及富察敦崇原藏之《越南使臣詩稿》（現藏於北京圖書館）等書，都是中國各地官吏、文士與越南使節唱和或護貢伴送所記錄下來的珍貴文獻。

5　孫檉生年不詳，其友蒙泉鏡有〈哭孫丹五〉二首，撰於丙子（光緒二年，1876），詩中

文章，弱冠受知許滇生[6]，他的科舉之路並不順遂，曾隨其父孫汝霖宦旅山西，清同治年間（1862-1874）又隨父宦居於廣西，遊歷廣泛[7]。其父孫汝霖（?-1876），字少琴，號澍巖，道光丙午科（二十六年，1846）舉人，歷官山右曲沃、鳳臺等縣[8]，他後來又到廣西擔任懷集、靈川、蒼梧、臨桂、貴縣等地知縣，曾續修過《懷集縣志》[9]，著有《養拙齋詩鈔》二卷[10]。孫汝霖、孫樗父子的生平資料都不多，但因緣際會，越南使程文獻反倒有過一些記載。

目前孫樗存世著作有二：《蜨花吟館詩鈔》、《餘墨偶談》[11]。《蜨花吟館詩鈔》是他比較年輕時的作品，可能初刻於同治二年（1863），同治五年（1866）再版[12]，當時他人還住在北京[13]，書中並無與越南有關的詩篇。他

「忽悲椿樹先朝露」句下註云：「夏初，乃翁終于所任。」因知孫樗和他的父親都卒於此年。蒙泉鏡〈哭孫丹五〉詩，載其《亦囂軒詩稿》，南寧：廣西人民出版社，1989年12月，頁183-184。又按：蒙泉鏡，字芙初，1869年曾於廣西蒼梧與孫樗、越使阮思僩一同交流，詳見下文。

6　以上參見清廣東南海人李長榮（子黻）《柳堂師友詩錄》卷十五「孫樗」小傳，同治十二年（1873）廣州富文齋刊本。又按，四川《岳池縣志》卷十職官志載有一位孫樗，「湖南澧州人，由貢生，嘉慶十年（1805）任順慶府通判」（參見維基百科：https://zh.wikipedia.org/zh-tw/%E5%AD%AB%E6%A9%92。讀取日期：2021年7月1日），同名同姓但不同人。

7　李長榮《柳堂師友詩錄》卷十五「孫樗」小傳云：「鄉試屢薦弗售，嘗西走太行，北度居庸，東登泰岱，南至桂林，借彼江山，消我塊壘。」

8　以上參見李長榮《柳堂師友詩錄》卷十五「孫汝霖」小傳。又按：范熙亮《北溟雛羽偶錄》之〈酬孫詩樗〉詩題小註說孫樗父親「號潭生」（《越南漢文燕行文獻集成（越南所藏編）》第二十一冊，上海：復旦大學出版社，2010年5月，頁27），應是誤記。

9　其〈續修懷集縣志敘〉署「同治十二年癸酉（1873）前署懷集縣知縣燕山孫汝霖譔」，見《懷集縣志》卷一。

10　參見《柳堂師友詩錄》「孫汝霖」小傳，李長榮《柳堂師友詩錄》卷十五輯錄其《養拙齋詩鈔》詩作〈貴溪江上〉等三十五首及五言摘句十一聯、七言摘句九十六聯。

11　另著《香草居詩輯》，已佚，孫樗《餘墨偶談》初集卷八〈百花扇序題詞〉選錄了多位友人對該書的題詠。

12　現存同治五年（1866）四卷刻本，收詩五百零四首，書署「燕山孫樗詩樵氏著」，前有同治二年（1863）北平子文初（慶彬）序、同治五年（1866）漁陽王晉之（竹舫）

多次述及越南的《餘墨偶談》，則是在《蛺花吟館詩鈔》之後完成的詩話筆記，因曾被收入清人蟲天子（張廷華）所編《香豔叢書》[14]，不難看到。不過，《香豔叢書》五集卷四的《餘墨偶談節錄》，只節錄一百三十七則與女性作家作品、女性議題有關的段落，非為全璧，如果單從這個節錄本來看的話，書中並無任何一則涉及越南。

現在我們容易找到的《餘墨偶談》，是1982年臺北大立出版社影印出版的《餘墨偶譚》八卷[15]，該書是據民國二年（1913）五月上海國光印刷所代製印的「藝文社出版」排印本來影印，各卷首署名「燕山孫橒詩樵甫編」，書前有一〈餘墨偶談正續敘〉，署題「光緒辛巳歲（1881）星沙王先謙逸吾氏書於京都三槐書舍」（存疑），序中講到「近得孫詩樵《餘墨偶談》正、續二集」，可見大立出版社所影印出版者也只是《餘墨偶談》正集八卷而已，缺少續集，亦欠完整[16]。

由於大立出版社據以影印者，版心可見「小醉經閣叢刻」字樣，因此循線追索，我們可以知道中華藝文社《小醉經閣叢刻》1913年馮伯康重訂《餘墨偶談》時是同時排印正集八卷、續集八卷的，民國六年（1917）《小醉經閣叢刻》又匯為《名人筆記匯海十種》，其中第八種正是「餘墨偶談八卷續

序，書藏北京師範大學圖書館藏，影印本收入《北京師範大學圖書館藏稀見清人別集叢刊》第二十一冊第三種，桂林：廣西師範大學出版社，2007年，頁333-402。這部《蛺花吟館詩鈔》，李長榮《柳堂師友詩錄》卷十五曾輯錄其中〈花朝日出居庸關〉等六十九首及五言摘句四十一聯、七言摘句四十二聯。

13　《餘墨偶談》初集卷三〈栩栩生歌〉云：「余集之名『蛺花』，人以為『蝴蝶一生花裏活』意耳，不知余實少見周迁村〈詠蝶詞〉有『苦向繁華任留戀，不知祇是夢中身』之句，有感斯言，因以顏所居室，別字『栩栩生』。丙寅（同治五年，1866）冬，將之桂林，偶社詩人宗石君戶曹（韶）有贈余〈栩栩生歌〉一章。」

14　名為《餘墨偶談節錄》一卷，收入蟲天子輯《香豔叢書》二十集八十卷之第五集，臺北進學書局，1969年影印本。

15　書名作《餘墨偶譚》，乃依藝文社本扉頁穎闇所題「餘墨偶譚」四字而取。

16　上述《香豔叢書》所收錄的《餘墨偶談節錄》一百三十七則中，有未見於此一《餘墨偶談》排印版者（如出自續集卷二之〈七夕寄內詩〉、出自續集卷八之〈女工雕板〉等等），可見《香豔叢書》據以節錄的底本乃包括正集、續集在內。

集八卷　清孫樗輯」[17]。不過《小醉經閣叢刻》上海鉛印本之前，尚有古本《餘墨偶談初集》：扉頁題「癸酉（1873）孟冬刻於雙峯書屋」（存疑），署名「燕山孫樗詩樵甫編」；《餘墨偶談續集》：扉頁題「丙子（1876）孟秋刻於雙峯書屋」，署名「燕山孫樗丹五氏編」，二書皆藏於美國哈佛大學漢和圖書館。考慮到現存之民國排印本有不少明顯的手民之誤，因此本文所有引用《餘墨偶談》的原典皆以哈佛大學所藏清刊本為依據。

按美國哈佛大學漢和圖書館所珍藏的《餘墨偶談》，其實還不只有初集八卷（三百三十七則）、續集八卷（四百四十則），另外還有《餘墨偶談三集》八卷（一百四十九則）、《餘墨偶談四集》八卷（一百四十五則），均署「癸未（1883）孟冬刻於雙峯書屋」，但這三集、四集的作者已非孫樗，而是雙峯書屋主人「東鄉饒玉成新泉」。這位饒玉成喜愛刻書[18]，在《餘墨偶談初集》書前冠有一篇〈餘墨偶談正續敘〉，提到「近偶得孫詩樵《餘墨偶談》正、續二集……，亟登黎棗，以質騷壇」，尾署「光緒丙子歲（1876）撫州饒玉成新泉氏序於雙峯書屋」[19]，此序若可信，足證《餘墨偶談初集》應該是在光緒二年（丙子，1876）和《餘墨偶談續集》同時刊刻的，而非《初集》扉頁所題癸酉（同治十二年，1873）。

饒玉成在光緒二年（1876）刊刻孫樗《餘墨偶談》初集、續集之後七年，又於癸未（光緒九年，1883）刊刻自己所續錄的《餘墨偶談》三集、四集，雖然其中偶有與越南相關的話題[20]，但與本文研究主題無關，可暫置不論。

17　上海振民編輯社編，有1917年上海交通圖書館鉛印本。

18　他在刊刻「孫詩樵《餘墨偶談》正、續二集」之前，已陸續重刻過《袖珍本汲古閣十三經》、《全唐詩》、《經世文編》、《昭明文選》、《合編說文引經攷》、《折獄龜鑑》、《歷科狀元圖考》、《鼎甲試題錄》等書。

19　這篇饒玉成光緒二年（1876）的〈餘墨偶談正續敘〉，與上述光緒七年（1881）署名王先謙（1842-1917）的〈餘墨偶談正續敘〉內容幾乎全同，王序有可能是民國初年《小醉經閣叢刻》編者據饒序加以濃縮之後所偽造，以招徠讀者，不可盡信。

20　例如《餘墨偶談四集》卷八〈孫補山相國〉一則，記敘清乾隆五十三年（1788）兩廣總督孫士毅（1720-1796，號補山）帶兵征討安南，戰於高平、諒山的故事，並全文引述其《百一山房詩集》之〈南征詩〉十首。

　　根據清末震鈞（1857-1920）的講法，孫樗早在同治初年居住北京期間就已經開始撰寫《餘墨偶談》了[21]。然若觀哈佛大學所藏光緒刊本《餘墨偶談》，自初集卷一起即有他在廣西的書寫，可見「孫詩樵《餘墨偶談》正、續二集」都是成書於居住廣西時期[22]，初集曾委廣東順德女工雕板[23]，有江西、湖南各省刊本[24]，續集係後刊。難得的是，初集、續集皆有關於越南詩作的記載，所以我們若要研究孫樗與越南使節、越南詩作的關係，不僅不可只看節錄本，還應兼顧初集八卷、續集八卷，不宜偏廢，否則會遺漏許多重要的訊息。

三　孫樗於廣西所見之越南使節

　　孫樗似與越南使節特別有緣，他自己曾說過：「余於數屆貢使舟中筆談」[25]。這所謂的「數屆貢使」，包括三屆越南歲貢使團：（一）同治七至八年（嗣德二十一至二十二年，1868-1869），黎峻、阮思儠、黃竝一行；（二）同治十至十一年（嗣德二十四至二十五年，1871-1872），阮有立、范熙亮、陳文準一行；（三）同治十二至十三年（嗣德二十六至二十七年，1873-1874），潘仕俶、何文關、阮修一行。

　　根據孫樗《餘墨偶談》的記載，清同治七年（1868），當他的父親孫汝霖在廣西靈川當知縣時，越南使節團入貢途經靈川，那時他只輾轉聽到有人

21　震鈞著有《天咫偶聞》十卷，為清代北京風土掌故雜記，其卷三東城法華寺有言：「同治初，昌平孫丹五（樗）曾寓是寺，著《餘墨偶談》，記當時名人甚盛。」

22　初集卷六〈書備黃沅詩〉云：「書備黃沅者，廣南人，家君任蒼梧時，在署司簽，筆墨淡雅，不知其能詩也。適余《偶談》脫稾，囑其分抄……。」按：孫汝霖從靈川調任蒼梧知事是在同治八年（1869），可見他的《餘墨偶談》絕非成書於北京。

23　續集卷八〈女工雕板〉云：「廣東順德縣剞劂厮民手，多係十餘歲稚女捉刀。余之初集，友人寄刊，以其價廉而工速也，惟訛誤之字殊不少耳。」

24　續集卷五〈訛誤〉云：「……因思余之初集創草時，亦常以顏平原為延年，胡生為太守，漫筆疾書，其弊實所不免，嗣校對時始改正之。後閱湖南、江右各省刊本，乃以鈔稿傳梓，有仍延其誤者，故筆之於此。」

25　語見《餘墨偶談》續集卷六〈越南詩〉。

傳誦越南使節阮思僩（號雲麓），的詩句，尚未謀面；隔年（1869）秋天，孫汝霖已調任廣西蒼梧縣知事，他隨侍在側，因此有機會第一次在蒼梧與越南使節見面筆談，當時在場交流者有越南的阮思僩和廣西護貢王少梅、思恩文士蒙芙初等人，阮思僩、蒙芙初還分別拿出他們的詩集《燕軺詩草》、《北游吟草》給孫橒看，詢問他的意見[26]。經查《如清日記》，阮思僩一行是同治七年（1868）十月初六日途經靈川，具帖向知縣孫汝霖問好，同治八年（1869）九月二十二日返程又在蒼梧縣與孫汝霖重逢[27]，不過奇怪的是，《如清日記》與阮思僩的《燕軺筆錄》、《燕軺詩文集》都只說到王少梅，而未提及蒙芙初與孫橒。

孫橒第二次與越南使節見面，《餘墨偶談》說是在「庚午（同治九年，1870）屆貢」、「辛未（同治十年，1871）仲春，越南貢使阮懦夫、范晦叔過梧」之時，見面時阮懦夫（即正使阮有立）送了他一冊前王子阮仲貯（綿宷）的《貢草園集》，並出示前王第十子倉山公的詩集三冊與內多駢體文的《衲被集》[28]。關於他們這次交流的細節，孫橒並無其他敘述，反倒范晦叔（即甲副使范熙亮）的日記寫得更為清楚，地點依舊是在廣西蒼梧，時間則是同治十年（1871）年二月初一日傍晚，孫橒與司馬幕客袁韶、桂林舉人秦致祐，登上使船邀請越南使節同遊準提庵，使節「辭以公事，不敢他適」，隔天二月二日，「又來舟筆談，詩答而已」，之後停泊的二、三天，「諸人亦屢訪敘話，殷殷不捨」[29]。我們檢查范熙亮的詩集，還可以看到他曾送給孫

---

26 《餘墨偶談》初集卷六〈蒙芙初詩〉記載：「思恩蒙芙初，粵西奇士也，以選拔入都，著《北游吟草》一卷，己巳（同治八年，1869）秋杪晤於越南使臣舟中，以詩見質……。」同卷〈越南陪臣詩〉又載：「……及隨侍蒼梧，越使還國經此，於王少梅別駕舟中，始得晤面，筆談移晷，曾出其《燕軺詩草》見質。」

27 參見黎峻、阮思僩、黃竝《如清日記》，《越南漢文燕行文獻集成（越南所藏編）》第十八冊，上海：復旦大學出版社，2010年5月，頁122、頁267-268。

28 詳見《餘墨偶談》續集卷三〈貢草園詩〉和初集卷八〈越南倉山詩〉。

29 詳見范熙亮《范魚堂北槎日紀》，法國遠東學院藏抄本之微縮膠捲（Paris EFEO MF I.514），頁24b-25a。日記中將「秦致祐」誤記成「陳致祐」，與其《北溟雛羽偶錄》所記有出入（詳下註），當以「秦致祐」為是，孫橒《餘墨偶談》初集卷二〈壽芝詩〉可

樾的二首詩，以答謝孫樾「惠以詩箋及《蜨花吟館詩鈔》，繼又携所以作詩
話，來舟筆談，約遊準提庵不果」[30]。

　　孫樾第三度與越南使節見面，根據《餘墨偶談》的記載，則是在「越南
阮東原學士（修），以癸酉夏職貢過桂林」之時，時間是同治十二年
（1873）的夏天，地點在桂林，當時桂林文士在越南使節舟中筆談用的紙張
正是孫樾所印製的詩箋。越南乙副使阮修在離開桂林時以一篇長古和一首
〈書扇〉七絕留別，到了全州，又寄贈一首五言律詩、二首七言絕句給他。
到了隔年（1874），越南使節團返經廣西貴縣，那時孫樾又剛好隨著父親的
調任住在那裡，於是邀請阮修入縣署，與在座的邵松生、魏紉芝，四人即席
聯吟唱和。這場聚會，可視為孫樾第四次與越南使節見面，阮修不僅與之小
酌，還送了孫樾二冊越南探花阮淡如所輯的《十三經集句史論》。[31]

　　綜上所述，孫樾雖非越南數屆貢使在使程上一定會見到面的中國地方官
員，但因他父親孫汝霖在廣西各地當官的緣故，他也有機會於1869-1874年
間在廣西蒼梧、桂林、貴縣等地，與阮思僩、阮有立、范熙亮、阮修等越南
使節有過面對面的親密交往，相互贈書，彼此唱和。巧妙的是，上面提到阮
修送給孫樾二冊越南探花阮淡如所輯的《十三經集句史論》，而這部書的作
者阮淡如其實正是孫樾接觸過的越使阮有立的親叔叔[32]，只是不曉得孫樾自

　　　證，壽芝即秦致祐之字，他姓秦不姓陳，廣西桂林人，同治元年（1862）中舉，性豪
　　　邁，工詩畫。

30　語見范熙亮《北溟雛羽偶錄》之〈酬孫詩樵〉詩題小註，「所以作詩話」之「所以」二
　　　字疑倒，所謂「詩話」應即《餘墨偶談》書稿。〈酬孫詩樵〉詩云：「蒼梧城外桂江
　　　南，晤對如人瑩碧潭。百景箋題蜨彩畫，半簾筆敘粲花談。家庭樂事詩當話，竹石開
　　　盟興欲酣。吟館新編三復後，不須更上準提庵。」另一首〈寄贈孫詩樵〉，詩云：「客
　　　地成新識，歡談若久要。幾逢三友樂，叵耐一帆遙。夜色春前樹，江聲月下橋。不勝
　　　蘭芷思，惆悵是今朝。」詩題下小註云：「詩樵與桂林孝廉秦致祐、湖南袁韶到舟，邀
　　　題便面。」《越南漢文燕行文獻集成》第二十一冊，上海：復旦大學出版社，2010年5
　　　月，頁27-29。

31　以上詳見《餘墨偶談》續集卷二〈阮東原詩〉。

32　《十三經集句史論》一書，越南猶存抄本二種，全名為《阮探花淡如甫史論十三經集
　　　句》，簡稱《史論集句》，又名《集句史論》，內容是以集錄十三經成句的方式，對自伏

己知不知道。

四　孫檤《餘墨偶談》記載之越南詩作

　　就在孫檤有機會於廣西數度見到越南使節的因緣際會下，孫檤《餘墨偶談》在他的《餘墨偶談》初集、續集留下了比較多的越南詩作資訊，這是在清代眾多詩話筆記之中是極為罕見的。

　　綜覽《餘墨偶談》全書，我們可以發現孫檤雖也留心朝鮮、日本漢詩[33]，且樂見朝鮮商人購買自己的詩集[34]，但他書寫最多的還是越南，以越南詩作為主的記載不下七則，連帶提及的也有二則[35]，值得越南漢學研究者特

義至春秋時期的中國歷史加以評論，作者阮文交（1811-1863）字淡如，義安清漳人，嗣德六年（1853）考中探花，歷任翰林院著作、侍講學士兼內閣行走、侍讀學士兼內閣參辦等職，《大南正編列傳二集》卷三十八有傳（姪有立附），另可參考劉春銀、王小盾、陳義主編《越南漢喃文獻目錄提要》（臺北：中央研究院中國文哲研究所，2002年12月，頁341-342）、鄭克孟編著《越南漢喃作家辭典》（臺北：華藝數位股份有限公司，2021年4月，頁39）。漢喃研究院圖書館所藏《阮探花淡如甫史論十三經集句》抄本，現有中國人徐樹銘、王闓運、李輔燿撰於清同治十三年（1874）的跋文，當是阮修使華歸國時幫阮有立捎回去的，其中湖南湘陰人李輔燿（字幼梅，1848-1916）乃兩江總督李星沅（1797-1851）之孫，阮思僩與阮有立先後都和他有過交流，阮修想必也是。

33 初集卷二〈朝鮮詩〉言及同治五年（1866）春邂逅高麗貢使崔聖執（栽），卷二〈冷族〉言及朝鮮使臣李藕船、崔雲淵，卷五〈日本詩人斷句〉言及日本詞人江戶百戶藤順叔（宏光）。又按：日人藤宏光著有漢詩集《順叔吟草》，李長榮《柳堂師友詩錄》卷十四輯錄其中詩作〈初到粵東〉等十首及五言摘句十八聯、七言摘句二十一聯。

34 初集卷三〈宜伯敦詩〉云：「甲子（同治三年，1864）人日，東國人鄭某在書坊購余詩集，友人宜子伯敦見而喜之。次日，以詩見贈云……。」

35 其他尚有連帶提到越南者多篇，例如初集卷六〈焦木山房詩〉，孫檤言及他為許月樵題詩，書有「我有越南繍一束，乞將雙絕謹藏收」之句；又如續集卷一〈罵泉羞菜〉，言及泗城府（今廣西省凌雲縣）有罵泉（朝其叫罵，泉即湧出），「安南有羞菜」（以手指之，菜即憔悴），「罵泉羞蔡」四字正好作對，甚是有趣；再如續集卷四〈簑衣鳥〉，言及蒼梧府後老榕樹上有簑衣鳥，「來自交阯，狀若離鶴」，不善營巢，幼鳥常委於地，孫檤救치之餘曾於壁上題詩一首：「越南一種簑衣鳥，每到春來此借棲。別後攬林風雨急，辛勤維護落巢兒。」此外，續集卷五〈義象〉，又言及越南「庚午（1810）春，忽

別注意。由於《餘墨偶談》流傳不廣，續集尤為罕見，因此筆者將之輯採，收為〈附錄〉，以供讀者參考，本文先作以下的討論。

在這七則以越南詩作為主的記載中，有二則是孫橒讀書所得，分別見於初集卷七、續集卷六，篇名都作〈越南詩〉。

初集卷七的〈越南詩〉，是孫橒關於春聯「春回禹甸山河外，人在堯天雨露中」來歷的考證。此聯現在仍被列入中國「一百副歷代好春聯」[36]，孫橒當初常見人家張貼，但對「外」字感到納悶，「後讀《釋（譯）史紀餘》，知為越南參政黃公寅（寔）字椿軒者，贈天使周淡園禮部句也」。按：《譯史紀餘》，清人陸次雲所著，收入《龍威秘書》九集第三冊，其卷二登有越南黎僖、阮延滾、黃公寔、阮擢用〈康熙二十三年（1684）贈天使周澹園禮部〉詩六首，黃公寔詩占三首，其一「丹詔欽頒自九重」之內容與孫橒所引全同[37]。

續集卷六的〈越南詩〉，則是孫橒引述越南佚名貢使〈邕江道中〉七律一章，肯定這首越南詩膾炙人口，對於第三、四句「無人相識客對客，有事可知情度情」能寫出異地客主之情，他因自己有與越南使節舟中筆談的親身經驗，體會尤深。按：這首〈邕江道中〉，清初汪森編於康熙四十三年（1703）的《粵西詩載》卷十四有載，署名黎崱，實則不然。這首「楊柳長亭又短亭」七律是題為〈安南進奉使題桂林驛（五首）〉之第一首，原載於黎崱《安南志略》卷十八「安南名人詩」，作者為誰已無可考，其第二句作「東風吹旆著江城」，第六句作「一船行色鷓鴣聲」[38]，孫橒所引與之稍有出入。

遣陪臣齎表進象三隻」，其中一隻誤傷象奴，跪淚不食，七日而死。此類非以越南詩作為主題者，不在本文討論範圍之列。

36 參考網址：http://www.360doc.com/content/19/1226/11/8034445_882291647.shtml。讀取日期：2021年6月27日。此聯「山河外」或作「山川外」。

37 詳見《叢書集成初編》本《譯史紀餘（及其他一種）》，北京：中華書局，1985年北京新一版，頁59-62。《史料叢編》本《譯史紀餘》乃節本（臺北：廣文書局，1968年1月），無此內容。

38 詳見黎崱《安南志略》，武尚清點校本，北京：中華書局，1995年4月，

　　除了這二則是孫樜讀書所得之外，《餘墨偶談》初集、續集其他五則以越南詩作為主的記載，都與他於廣西所見之越南使節有關，依其接觸的先後順序，當是初集卷六〈越南陪臣詩〉、初集卷八〈越南倉山詩〉[39]、續集卷三〈貢草園詩〉、續集卷八〈蕉林詩集〉[40]，和續集卷二〈阮東原詩〉。這五則以越南詩為主的詩話，涉及四部越南詩集和幾位越南使節的詩作，原作有存有佚，孫樜所記甚是難得。

　　初集卷六的〈越南陪臣詩〉，孫樜記錄的是他記得同治七年（1868）十月在廣西靈川聽聞有人傳誦越南使節阮思僩詩句「寒雨三更夜，黃花十月天」[41]，沒想到隔年（1869）九月竟能在蒼梧縣與他見面筆談，並目睹他此行的詩集《燕軺詩草》。〈越南陪臣詩〉摘錄了《燕軺詩草》集中許多佳句，這些詩句是阮思僩使程詩的路上初稿，必然比他回國之後重新整理的定稿還來得早，值得我們加以比較其前後之異同，茲列表對照有差異者如下：

〈越南陪臣詩〉摘句	《燕軺詩草》詩題	前後比較
雙燈懸霧重，萬櫓入煙鳴	〈過平江口〉	「櫓」作「艣」
別恨花隨馬，離情酒上衫	〈寧平道上〉	「恨」作「路」
萬里月明湘水碧，四園雲盡楚山青	〈湘源舟中夜起見月〉	「園」作「圍」
古岸河流殘潦濕，亂檣旗颭夕陽明	〈早發嘉魚抵簰州晚泊〉	「河流」作「沙留」
〈梧州雜詠〉 呂仙何處更揚靈，東望雞籠一點青 最愛城隅冰井寺，香風長繞壽碑亭	〈梧州八首〉 第三首	詩題不一 「靈」作「舲」 「寺」抄作「水」
〈過漳河有懷魏武帝〉 西陵歌吹散烟雲，漳水荒涼七十墳 豈有孝廉堪萬乘，可憐香履亦三分	〈過漳河有感魏帝〉	詩題不一 「碣」作「表」 「王侯」作「侯王」

39　初集卷八目錄作〈越南倉山詩〉，正文標題作〈越倉山詩〉。

40　續集卷八目錄作〈蕉林詩〉，正文標題作〈蕉林詩集〉。

41　阮思僩該詩題為〈抵靈州縣贈別臨桂縣尹趙準（字子繩）回桂林〉，收入《燕軺詩草》，《越南漢文燕行文獻集成（越南所藏編）》第二十冊，上海：復旦大學出版社，2010年5月，頁58-59。

〈越南陪臣詩〉摘句	《燕軺詩草》詩題	前後比較
世家本出曹常侍，墓碣誰稱漢將軍 不到王侯身不死，建安七子竟遺君		
〈聞警〉 南北同天步，艱危歲月增	〈留柬東暘太史〉	詩題不一 「北」抄作「比」 「增」抄作「曾」
〈客途憫旱〉 誰云遠道人，痛癢非相關	〈新樂喜雨〉	詩題不一 「誰云遠道人」作 「誰言遠人過」

從這個表的對照看來，前後有些差異可能出自《燕軺詩草》抄者的筆誤，
〈越南陪臣詩〉可供正確校勘之用，此外我們可以發現阮思僴返國之後對
《燕軺詩草》詩題與詩句，的確留下了不少修改的痕跡。

關於阮思僴的《燕軺詩草》，孫樨《餘墨偶談》另有〈歌風臺詩〉、〈壽
字碑跋〉二則連帶提及。續集卷一〈歌風臺詩〉，孫樨推崇丹徒陳女史的
〈歌風臺〉，認為「此詩可與張雲翼軍門〈嚴灘〉、交趾阮雲麓〈過漳河弔魏
武〉二詩鼎足而三矣」，他再次摘錄阮思僴的〈過漳河有懷魏武帝〉（改了詩
題，詩句內容完全一致），並且作出高度評價：「目中所見近人詠古詩，當以
三作為絕唱，非因閨秀、武夫、屬國而刮目視之也。」至於續集卷四〈壽字
碑跋〉，孫樨則是在引述明人王文成於成化七年（1471）跋壽字碑之後，說
道：「阮雲麓〈蒼梧雜詩〉之『最愛城隅水井寺，香風常繞壽碑亭』句，即
謂此也。」他自己再度引用的詩題、詩句又與〈越南陪臣詩〉稍有出入。

初集卷八的〈越南倉山詩〉，孫樨記錄的是同治十年（1871）年二月
初，越南貢使阮有立、范熙亮在廣西蒼梧見面時，出示給他看的「倉山公
詩」三冊和《衲被集》。這位倉山公，就是大名鼎鼎的明命皇帝第十子阮仲
淵（綿審，1819-1870），學問淵博、尤工於詩的他，乃「為中朝所雅重而欣
慕之者」[42]。所謂「倉山公詩」，當即《倉山詩集》。孫樨看到《倉山詩

---

42 傳見《大南正編列傳二集》卷五，第二十冊，日本慶應義塾大學言語文化研究所複印

集》，附有綿審生前手寫的「屬刪訂索弁言小啟」，他讀了之後深受感動，不僅在《餘墨偶談》精選摘錄了倉公詩〈掃墓行〉、〈渡瀘江〉、〈弔張遜叟〉三首，〈寄友〉、〈漢宮祠〉、〈美人垂釣〉、〈詠項羽〉、〈雨後晚釣〉等詩中佳句，以及《衲被集》中的〈題洛神圖詩序〉、〈賀鄭夢白聽花聽月詩序〉，還特地寫了八首絕句做為〈題詞〉，獻給這位詩壇翹楚、異國知音，權當挽歌。今查越南所藏古籍，綿審的《倉山詩集》在漢喃研究院圖書館藏有七個刊本、一個抄本，全部共五十四卷，「有序五篇」[43]，這五篇序的作者包括中國名宦勞崇光（1802-1867）在內[44]；而孫樨用心吟詠的〈題詞〉八絕，也確定已連同袁韶、秦致祐的挽章，由范熙亮帶回到越南去了[45]。

　　以往越南使節經常選擇以阮朝王子、公主等皇室成員的書籍做為來華使程的外交禮物[46]，孫樨所見除了倉山詩文之外，還有倉山所代為刊刻的《貢草園集》和《蕉林詩集》。

本，1982年10月，頁76-79。傳末記其「生平著述十四集」（《衲被集》、《倉山詩集》、《倉山詩話》、《倉山詞集》、《淨衣記》、《式穀編》、《老生常談》、《學稼誌》、《精騎集》、《歷代帝王統系圖》、《詩經國音歌》、《讀我書抄》、《南琴譜》、《歷代詩選》）、「為人刊刻七集」（《廣溪詩集》、《梁溪詩集》、《漫園詩集》、《欣然詩集》、《范蕉林詩集》、《貢草園詩集》、《三高士集》）。

43 劉春銀、王小盾、陳義主編《越南漢喃文獻目錄提要》，臺北：中央研究院中國文哲研究所，2002年12月，頁697。

44 勞崇光給予倉山詩極高的評價，全文另見於越南《書序摘錄》一書（漢喃研究院圖書館藏書，編號：VHv.350），題作《〈倉山詩鈔〉序》，序之開頭提及「越南貢使道出桂林，倉山白毫子姪寄詩稿見示，且以書索序」云云。

45 武氏青簪《越南阮綿審〈鼓枻詞〉研究》曾注意到，倉山之妹貞慎（1826-1904）的《妙蓮集》卷二有〈哭家兄從善文雅公倉山先生〉詩，於其二「挽什馳千里」句下有註云：「清國燕都孫樨、楚南袁韶、湘陰李星漁、桂林秦致祐、鐵嶺郭鑑裏、湖南崔暕寄題詞並挽章十餘首。」國立成功大學中國文學系博士論文，2019年7月，頁64。

46 清代越南最後一個使節團代表范慎遹（1825-1885）、阮述（1842-1911），於嗣德三十六年至建福元年（1883-1884）出使天津，身邊就帶著「倉山、葦野、妙蓮、張廣溪詩文諸集」，詳見阮述《往津日記》，陳荊和註云：「倉山、葦野、妙蓮均為阮朝宗室，且其作品為當代中、越文人所賞識，所以阮述屢將諸集贈送中朝名士以宣揚越南文物之盛。」陳荊和編註《阮述〈往津日記〉》，香港：中文大學出版社，1980年，頁27、68-69。

　　續集卷三的〈貢草園詩〉，明白交代越南王子阮仲貯（綿宷，1829-1854）的《貢草園集》是正使阮有立在蒼梧所贈，孫樾引了集中佳句「隔花人喚客，深樹鳥將雲」、「遠日兼潮落，孤雲帶葉飛」，並從其兄白毫子（即倉山）的序中得知仲貯不到三十歲就過世了，慨歎他如果能活久一點，文學成就將不可限量。按：孫樾獲贈的這部《貢草園集》，《大南實錄》曾有過記載[47]，然據越南學者研究，在越南已經失傳[48]。在中國，除了《餘墨偶談》之外，潘祖蔭（1830-1890）《滂喜齋藏書記》也著錄過[49]，但目前中國大陸並未保存。經查日本、歐美等地圖書館，亦無所獲。筆者發現，臺灣國家圖書館其實藏有一本，可謂「世界孤本」，該書上有鈐印「茉坡」二字，當為潘介繁（1828-1893）所有[50]，至於潘介繁手中的《貢草園集》是否得自他同族堂兄潘祖蔭滂喜齋還是另有來歷[51]？潘介繁藏書最後又是怎麼進入臺灣

---

47 詳見阮仲貯（綿宷）傳，傳曰：「初，公病篤，吟哦不輟，有句云『愁極忽生伊洛想，吹笙騎鶴謝辰（時）人』，及薨，人謂之詩讖。所著有《貢草園詩》，從善郡王綿審為之刊刻。」《大南正編列傳二集》卷七，第二十冊，日本慶應義塾大學言語文化研究所複印本，1982年10月，頁96。

48 據陳仲洋〈考察一些阮朝皇室作家作品的文本狀況〉一文考察的結果是已經丟失，文載《2009年漢喃學研究通訊》，河內：世界出版社，2010年，頁302-321。鄭克孟編著《越南漢喃作家辭典》也說「已失傳」，臺北：華藝數位股份有限公司，2021年4月，頁223。

49 《滂喜齋藏書記》卷三著錄：「《貢草園集》一卷一冊／安南王子綿宷撰，倉山先生刪定，弟綿宗仲藏、綿寚仲悟、綿寬仲玉校刊，前有新安郡公詩五首……。」收入《續修四庫全書》編纂委員會《續修四庫全書》九二六・史部・目錄類，上海：上海古籍出版社，2002年，頁466。

50 潘介繁，字谷人，號「茉坡」，又作「菽坡」、「椒坡」，江蘇吳縣人，出身蘇州潘氏文獻世家，咸豐二年（1852）中式順天鄉試舉人，候選國子監學正，曾任湖北咸寧、麻城知縣，升湖南茶陵知州。

51 潘祖蔭，字伯寅，清咸豐二年（1852）探花，同治八年（1869）三月時以戶部右侍郎充南書房行走，根據阮思僴《燕軺筆錄》、《燕軺詩文集》的記載，那時曾在北京宮中和他見過面，可見潘祖蔭滂喜齋之所以藏有《貢草園集》，當是直接得自越南使團的贈與；另據范熙亮《范魚堂北槎日紀》（頁72a）的記載，同治十一年（1872）二月初八日，湖北護貢袁瓚兄弟「偕漢鎮釐苟官潘介繁（江蘇人，字椒坡）就談」，「次日邀到私寓醼敘，回後贈墨聯各項」，可見潘介繁也曾與阮有立、范熙亮、陳文準一行在湖北漢口見過面，他亦不無直接從阮有立手中獲贈《貢草園集》的可能。

國家圖書館善本書室？詳情猶待進一步的考察。今檢《貢草園集》，收錄明命皇第四十七子綿宧八十八題九十四首詩作，文學價值頗高[52]，集中又冠有明命皇第十子綿審嗣德八年（1855）〈貢草園詩集序〉與嗣德十年（1857）〈新安郡公遺草跋〉，〈跋〉後尚有《新安郡公遺草》詩五首、短句四則，也是明命皇第六十八子阮福綿宗（1835-1854）的遺作，同為越南宮廷文學重要資產，當初印量可能不多，獨此一部存藏臺灣，十分珍貴[53]。

　　續集卷八的〈蕉林詩集〉，孫樷記載的是他看到的另一部越南詩集《蕉林詩集》，集中有他喜歡的詩句：「青山影落杯中酒，紅藕涼生水上樓」，作者為越南駙馬都尉范繼之（登述），其妻太長公主阮仲卿（永禎）校刊，書上有倉山為妹夫寫的序。按：駙馬范登述（字繼之，號蕉林）於嗣德十四年（1861），奉密詔前往南圻嘉定抵抗法軍侵略，戰敗陣亡，這本《蕉林詩集》應是阮永禎紀念亡夫所編，由倉山主持刊刻。永禎，別號月亭，是明命皇第十八女，倉山同母胞妹，嗣德三年（1850）與范登述結婚，時相唱和，著有《月堂詩草》[54]。如今，他們夫婦所著《蕉林詩集》、《月堂詩草》似皆已失傳[55]。

---

52 經檢《貢草園集》，上述孫樷《餘墨偶談》續集卷三〈貢草園詩〉摘引之佳句「隔花人喚客，深樹鳥將雲」、「遠日兼潮落，孤雲帶葉飛」，以及《大南實錄·綿宧傳》所引之詩讖「愁極忽生伊洛想，吹笙騎鶴謝辰（時）人」，分別出自〈過仲藏家園〉、〈晚登和甫藜光堤〉、〈七夕偶占〉，這三首詩都是綿宧二十三歲所作，敘事寫景，靜中有動，配合時令，用典精確，全書篇章雖然不多，但充分展露出體弱多愁的綿宧的文學才華，他和母親、兄弟的溫暖親情，以及他與塾師、朋友的真摯情誼，洋溢其間，頗為動人。

53 筆者曾於2021年6月21日，擔任臺灣國家圖書館、漢學研究中心、胡志明市國家大學所屬人文與社會科學大學合辦「臺灣漢學講座」的主講人時，建議胡志明市國家大學與臺灣國家圖書館合作執行「《貢草園集》複印翻譯研究出版計畫」，以最隆重的方式將幾位明命王子的遺作迎回越南。

54 以上參見阮仲卿（永禎）傳，載於《大南正編列傳二集》卷九，第二十冊，日本慶應義塾大學言語文化研究所複印本，1982年10月，頁121-123。

55 《蕉林詩集》已佚，惟見綿審《倉山詩話》錄有范登述詩「詠古美人潘玉兒」、「與同人詠鄰花」二首。《倉山詩話》附抄於越南漢喃研究院圖書館藏《世說新語補》抄本之後，編號：VHv.105；全文另可參見王小盾、何阡年〈越南古代詩學的碩果：《倉山詩話》〉一文之附錄，載於《中國詩學》第九輯，北京：人民文學出版社，2004年6月，

　　續集卷二的〈阮東原詩〉，孫橒則記載了他與越南乙副使阮修（阮東原），於同治十二年（1873）在桂林、十三年（1874）在貴縣唱和的詩作，計有五言長古一首、五言律詩二首、七言絕句三首，這六首詩都是阮修使程之作，其中一首五律「歡會逢三友」還是現場和詩，「刻燭而成」，足見其詩才之敏捷；從阮修詩中有句「孰知今夜夢，猶在蜨花廬」來看，孫橒應該也曾將他自己的詩集《蜨花吟館詩鈔》送給了阮修。按：嗣德二十六年（1873）二月，越南選派潘仕俶充正使，何文關、阮修充甲乙副使，如清歲貢[56]，該年十月抵達北京，十一月三日三人於午門外瞻觀[57]，隔年（1874）返回越南。潘仕俶、何文關，《大南實錄》有傳，可知潘氏著有《駒程述賦》、《駒程詩集》、《酬世詩文》等集[58]，何氏著有《燕行牙語詩藁》[59]，今皆未見；阮修無傳，此行不知有無作品結集？倘若沒有，那麼孫橒《餘墨偶談》續集卷二的〈阮東原詩〉，就是越南文學遺留在中國的重要記錄了。

五　結語

　　透過孫橒《餘墨偶談》初集八卷、續集八卷的爬梳，我們可以得知他與同治年間黎峻、阮有立、潘仕俶所帶領的三屆越南歲貢使團有過密切的交流；透過黎峻、阮思僩、黃竝《如清日記》，以及阮有立團甲副使范熙亮《范魚堂北槎日紀》、《北溟雛羽偶錄》等越南燕行文獻的對照，我們也能夠

　　頁249-257。《月堂詩草》亦失傳，惟見明命皇第十一子阮綿寊（1820-1897）《葦野合集》文四收錄其〈《月堂詩草》序〉，漢喃研究院圖書館藏書，編號：A.782/1。

56　詳見《大南實錄正編第四紀》卷四十八，第十七冊，日本慶應義塾大學言語文化研究所複印本，1980年4月，頁264。

57　《清實錄・穆宗毅皇帝實錄》卷三百五十九記載：「越南國使臣潘仕俶等三人於午門外瞻觀。」北京：中華書局，1986年，頁750。

58　見潘仕俶傳，載於《大南正編列傳二集》卷三十七，第二十冊，日本慶應義塾大學言語文化研究所複印本，1982年10月，頁430-431。

59　見何文關傳，載於《大南正編列傳二集》卷三十九，第二十冊，日本慶應義塾大學言語文化研究所複印本，1982年10月，頁459-460。

掌握更多他在哪一天、哪個地方與前二屆越南使節們相互交流的許多細節。

　　經由孫橒《餘墨偶談》初集卷六〈越南陪臣詩〉對黎峻團甲副使阮思僩該行詩集《燕軺詩草》初稿的摘錄，我們可以仔細觀察到阮思僩詩作修改的若干痕跡；此外，初集卷八〈越南倉山詩〉、續集卷三〈貢草園詩〉、續集卷八〈蕉林詩集〉等則也提供了越南皇室成員明命王子綿審《倉山詩集》、綿寊《貢草園集》、駙馬范登述《蕉林詩集》被帶到中國的訊息，孫橒雖然只是摘引這幾部越南詩集的部分佳句，但他的詩話評論仍具有很好的參考價值。其中，《貢草園集》、《蕉林詩集》在越南均已失傳，《貢草園集》幸而從中國被帶往臺灣獲得保存，《蕉林詩集》還能不能找得到呢？《餘墨偶談》至少又給了我們一個可以訪查的線索。

　　可惜的是，孫橒所接觸的第三屆越南貢使團，正使潘仕俶、甲副使何文關、乙副使阮修的北使詩文集（《駒程述賦》、《駒程詩集》、《燕行牙語詩藁》等）無一存世，我們無從持以對照出他們彼此交流互動的更多情境；然而，多虧有《餘墨偶談》續集卷二〈阮東原詩〉的記載，否則我們現在也欣賞不到阮修那些充滿真情與文才的精彩詩作了。

　　總之，孫橒於廣西所見之越南使節與越南詩作，的確為越中文化交流留下了歷史性的一頁經典畫面。我們期待今後還能夠找到更多像孫橒這樣，雖然並不有名但很認真記錄與越南使節交流經驗的中國地方文人，那麼我們說不定還能夠發現更多像《餘墨偶談》初集、續集一樣有裨於越南漢文學研究的重要典籍。

附錄：
孫樨《餘墨偶談》關於越南詩的七則記載

（一）越南陪臣詩

　　家君權靈川時，值越南入貢過境，有誦其大行人阮君思僩贈趙子繩大令詩「寒雨三更夜，黃花十月天」之句，心常誌之。及隨侍蒼梧，越使還國經此，於王少梅別駕舟中，始得晤面，筆談移晷，曾出其《燕軺詩草》見質，集中佳句甚多，五言如「雙燈懸霧重，萬櫓入煙鳴」、「別恨花隨馬，離情酒上衫」、「雲翻空際墨，燈冷案頭花」、「江船孤枕雨，水閣萬家燈」，七言如「奇觀燕市千金馬，別夢湘流八月船」、「酒因薄醉能驅病，詩到中年每厭工」、「殘月久如曾識面，好山大半不知名」、「燈前夜聽千山雨，酒後寒添九月衣」、「萬里月明湘水碧，四圍雲盡楚山青」、「人從過楚多吟越，詩到浮湘欲變騷」、「雲暗不來衡麓雁，天寒獨倚楚江舟」、「古岸河流殘潦濕，亂檣旗颭夕陽明」、「地鍾鐵氣多焦石，草暗烽臺立廢垣」，七絕如〈梧州雜詠〉云：「蒼梧城郭水烟間，虞帝南巡此不還。無限白雲秋草裡，行人遙指九嶷山。」、「呂仙何處更揚靈，東望雞籠一點青。最愛城隅冰井寺，香風長繞壽碑亭。」、「鶴崗火嶺鬱嵯峨，不見金牛夜渡河。聞說一帆東去好，五羊樓閣月明多。」七律如〈過漳河有懷魏武帝〉云：「西陵歌吹散烟雲，漳水荒涼七十墳。豈有孝廉堪萬乘，可憐香履亦三分。世家本出曹常侍，墓碣誰稱漢將軍。不到王侯身不死，建安七子竟遺君。」余尤愛其〈聞警〉起句云「南北同天步，艱危歲月增」、〈客途憫旱〉末句云「誰云遠道人，痛癢非相關」數語，不特措辭得體，兼有胞與為懷氣象，可謂「使於四方，不辱君命」矣。

——載於《餘墨偶談》初集卷六

（二）越南詩

　　常見人家春聯，每書「春回禹甸山河外，人在堯天雨露中」之句，「外」字心頗疑之，後讀《釋（譯）史紀餘》，知為越南參政黃公寅（寅）字椿軒者，贈天使周淡園禮部句也，祇易「光分」為「春回」耳。詩云：「丹詔欽頒自九重，星軺到處總春風。光分禹甸山河外，人在堯天雨露中。傾向有星皆拱北，朝宗無水不流東。節旋應自承清問，願道車書一統同。」

　　　　　　　　　　　　　　　　　　——載於《餘墨偶談》初集卷七

（三）越南倉山詩

　　辛未（同治十年，1871）仲春，越南貢使阮懦夫、范晦叔過梧，以其國前王第十子倉山公詩三冊見示，併伴以生前手書屬刪訂索弁言小啟，讀之，一往情深，感深知己，詩則洋洋灑灑，美不勝收，茲摘錄數首，以見一斑。〈掃墓行〉云：「荒墟鳥嘯春草綠，微雨如煙人野哭。一盂麥飯半杯羹，苦道貧家辦難足。紙錢策策陰雲低，淚流添水注前溪。谿水無聲血流赤，塚中長眠不曾識。剗苕剪草還獨歸，回首山山夜燐碧。」〈渡瀘江〉云：「海色寒沙外，江流夕靄間。雲陰下微雨，涼氣生前山。極浦兼天靜，孤舟共鳥還。相將掛帆席，擊汰渡清灣。」〈弔張遯叟〉云：「石上殘詩在，斯人杳然去。苔底見鞋痕，猶認行吟處。」其他佳句，如〈寄友〉云：「懷君似春草，易向雨中生」，〈漢宮祠〉云：「紅顏莫恨承恩晚，金屋長門是一人」，〈美人垂釣〉云：「試把釣絲測湖水，碧波爭似妾情深」，七律斷句〈詠項羽〉云：「虛隨漢祖爭秦鹿，贏得韓生笑楚猴」，〈雨後晚釣〉云：「野水無風平似掌，溪橋隱霧淡如眉」，五律斷句云：「山深過客少，院靜老僧閒」、「巖花斜向水，石洞曲通舟」、「晚涼風洗竹，溪漲水通田」、「村遠星垂野，江空月滿船」。尚有《衲被集》，內多駢體文，余尤愛其〈題洛神圖詩序〉云：「有美一人，泃稱獨立。名縣紫府，屬系青田。居為金母紀綱，慣在瑤池左

右。神仙敕使,必須郭密以傳辭;閨閣女紅,都讓靈芝之巧事。十年不字,
愁看稱意之花;半面相知,喜約同心之木。婆不要於杵臼,竟喜雲英;媒定
假於參氏,全憑月老。於是婺星調粉,織女催粧。油壁香車,迎來桃葉;洞
房花燭,嫁得文鴛。固已畫眉樓上,黨氏酬割臂之盟;傅粉房中,平子奏同
聲之詠者矣。然而生天有籍,住世無多。常娥竊藥,奔月何忙;嬴女吹簫,
跨雲先去。返魂不驗,李少翁之誕謾終非;薰疫無靈,張茂先之浮蕪寡實。
悲乎哉,一坏蘭麝,空葬素馨;半世鉛華,倏摧碧玉。能言鸚鵡,可憐舊事
依稀;並蒂芙蓉,畢竟他生杳渺。偶讀洛靈之畫,緬興交甫之思。俯仰低
徊,東西根觸。情誰能遣,亦何必黃昏微雨之章;狂固難辭,遂遙和落葉哀
蟬之曲。蕭條夜靜,頃刻詩成。所謂藉他人之酒杯,澆自家之壘塊者也。應
慚達士,庶貽恨人。」又〈和鄭夢白聽花聽月詩序〉云:「若使明月長圓,
璧光夜夜;好花不落,瓊樹朝朝。江醴陵無賦恨之篇,王東海豈長愁之目。
無如藥成九轉,常娥豈獨竊以登天;桂墜三秋,小山若無心而住世。鶯愁燕
懶,送春深南浦之悲;漏盡鐘殘,隔年悵西岩之別。是則宜城良醞,詎易忘
憂;疏勒靈犀,那能蠲忿者也。僕南國畸人,東阿愁客。張延符改過之期,
初逾三載;白樂天感辰之日,尚遜一年。苦吟性癖,瘦甚杜陵;短鬢秋華,
愁深潘岳。朝雲偶罷,窗中月照此以淒涼;奉倩神傷,筆頭花因之而退禿。
南方三十已老,古語非誣;人生八九不如,後辰可惜。一燈斗室,虛遮眼以
文書;半炷心香,但結緣於翰墨。情塵久息,不堪列坐歡場;口業難忘,未
免見呵綺語。然而空中傳恨,半皆水月鏡花;紙上虛談,愛託美人芳草。偶
值迴槎之博望,獲窺秘枕於中郎;豔花月之新聞,出風騷之別隊。遂乃效顰
西子,摘和二章;學步邯鄲,亦依七律。聊憑范叔轉寄鄭虔,再賡谷口之
歌,遙續鐵崖之響。倘得品評而增價,辱許忘年;借為縞紵以定交,何須謀
面者矣。若夫雪山歌軟,仙人頗不自持;香界煙薰,童子猶能入悟。豈緣索
筆,竟罷題糕。蓋因風土迴殊,或屬親家私諱,設遂操觚以往,終詒大言。
若云洗耳而聽,或嬰罪罟,所以荀令難希,恐主簿見之而走。容或楚王有問
歌郢中,和者無多,讀君三舍,長懸兩地相思。弁此數言,署櫽一周雅詠云
爾。」余愧不能文,有負海外雅人深意,聊賦〈題詞〉八絕,藉報地下賞

音，詩云：「生居海國亦天潢，昆季塤篪萃一堂。我愛君詩獨翹楚，果然人說白眉良。聽花聽月序言工，旖旎柔情想像中。抵似東阿才八斗，明珠翠羽賦驚鴻。以詩為命奈愁何，坐擁書城自嘯謌。想見選樓文物盛，苦吟瘦損病維摩。王孫老去志難伸，沅芷香蘭寄慨真。無限美人香草意，江潭憔悴屈靈均。淮南風雨八公山，賦就仙游竟不還。太息升天雞犬去，祇留詩卷在人間。詩如清水出芙蕖，字字珠璣語不虛。昔屑梁園當日事，祇將賓客作鈔胥。湖海相逢一客星，天風吹聚水中萍。好詩示我百回讀，窗外九疑相向青。遺稿生前屬訂訛，南交翹首白雲多。心香遙爇詩人塚，一幅題詞當挽歌。」公姓阮，名綿審，生而白眉，自號白毫子，又號倉山，昆季七十有五。

—— 載於《餘墨偶談》初集卷八

（四）阮東原詩

　　越南阮東原學士（修），以癸酉（同治十二年，1873）夏職貢過桂林，介秦蓉台大令索余所刊之吟箋筆談，因數往還，各有投贈，瀕行，以長古留別，其詩云：「過關九十日，纔到桂林城。桂林山水甲下，未入其境先聞名。舟行日日望天外，歷歷千峯削不成。城中諸山又清絕，山上樓閣如蓬瀛。遠客過此一開眼，不及歷覽難忘情。獨羨高人久居此，春花秋月皆經營。登高能賦落星斗，遂使海外聞其聲。舟中邂逅適我願，自謂為土能識荊。異話相對不能語，藉有筆紙為縱橫。詩囊百金不靳惜，一朝惠我伴遠行。縱談未獲罄餘緒，無那原隰歌騀征。行行回顧卻相憶，只見江上數峯孤月明。」又書扇一絕云：「天氣炎涼半夏秋，江城一別不勝愁。願君持扇如持手，風雨懷人一葉舟。」又自全州寄詩三首，五律云：「一面纔臨別，論詩獨起余。舟中三顧後，案上片言餘。孤枕新秋雨，寒燈故友書。孰知今夜夢，猶在蜻花廬。」七絕云：「呂子高才壓少微，西江當日自傳衣。百金長慶家藏草，還許雞林滿篋歸。」、「百景吟箋奪化工，為君珍惜記相逢。世間曾幾王摩詰，妙筆為圖寫孟公。」及歸舟南返，余亦隨任貴縣，舊雨重逢，

墜歡再拾，因約其入署小酌，同座為黔南邵松生、魏紉芝小友，松生即席成五律一章，東原走筆和韻，刻燭而成，其詩云：「歡會逢三友，精神戀九閭。可憐同几案，不覺異冠裳。把筆懷吟侶，持杯入醉鄉。直教歸後夢，覿德不能忘。」紉芝與余亦有和章，均未能道得眼前景也。手贈其國探花阮淡如（交）所輯《十三經集句史論》二冊，組織工巧，斲架亦不可無。

—— 載於《餘墨偶談》續集卷二

（五）貢草園詩

越南阮仲貯（綿宷），其國前王子也，著有《貢草園集》，庚午（同治九年，1870）屆貢，陪臣阮懦夫手貽一帙，中有「隔花人喚客，深樹鳥將雲」又「遠日兼潮落，孤雲帶葉飛」之句。其兄白毫子序其詩謂「小謝云亡，不及騁其長轡，蒼舒竟夭，正未滿乎立年」云云，亦可悲矣。倘使天假以歲，所造更當何如也。

—— 載於《餘墨偶談》續集卷三

（六）越南詩

越南某貢使，佚其名，傳有〈邕江道中〉七律一章，頗膾炙人口，詩云：「楊柳長亭又短亭，東風吹浪著江城。無人相識客對客，有事可知情度情。千里鄉心蝴蝶夢，一船客緒鷓鴣聲。不知擁節明朝去，又是烟波幾日程。」其頷聯尤能寫出異地客主之情，余於數屆貢使舟中筆談之餘，頗有如是光景。

—— 載於《餘墨偶談》續集卷六

（七）蕉林詩集

　　《蕉林詩集》者，越南駙馬都尉范繼之（登述）所著，伊國太長公主阮仲卿（永禎）校刊也。余喜其「青山影落杯中酒，紅藕涼生水上樓」之句。阮蒼（倉）山為之序，末一聯云：「古有序駙馬之集，知難竊比於照隣，茲蓋賞妹夫之詩，且要持誇於思道」云云。《禮》曰「儗人必於其倫」，斯語可云雅切矣。

　　　　　　　　　　　　　　　　——載於《餘墨偶談》續集卷八

參考文獻

一　古籍專著

《大南實錄正編第四紀》，第十七冊，日本慶應義塾大學言語文化研究所複
　　印本，1980年4月。

《大南正編列傳二集》，第二十冊，日本慶應義塾大學言語文化研究所複印
　　本，1982年10月。

《清實錄‧穆宗毅皇帝實錄》，北京：中華書局，1986年。

〔元〕黎　崱著、武尚清點校：《安南志略》，北京：中華書局，1995年4月。

〔清〕李長榮：《柳堂師友詩錄》，同治十二年（1873）廣州富文齋刊本。

〔清〕孫汝霖、趙準、曾浤仁纂修：《懷集縣志》，同治十二年（1873）刊本。

〔清〕孫　樷：《蜨花吟館詩鈔》，同治五年（1866）刊本，《北京師範大學
　　圖書館藏稀見清人別集叢刊》第二十一冊，桂林：廣西師範大學出
　　版社，2007年。

〔清〕孫　樷：《餘墨偶譚》，臺北：大立出版社，1982年據民國二年
　　（1913）「藝文社出版」排印本影印。

〔清〕孫　樷：《餘墨偶談初集》八卷、《餘墨偶談續集》八卷，美國哈佛大
　　學漢和圖書館藏光緒二年（1876）雙峯書屋刊本。

〔清〕孫　樷：《餘墨偶談節錄》一卷，蟲天子輯《香豔叢書》第五集，臺
　　北進學書局，1969年影印本。

〔清〕陸次雲：《譯史紀餘》，《史料叢編》本，臺北：廣文書局，1968年1月。

〔清〕陸次雲：《譯史紀餘（及其他一種）》，《叢書集成初編》本，北京：中
　　華書局，1985年北京新一版。

〔清〕潘祖蔭《滂喜齋藏書記》，《續修四庫全書》編纂委員會編《續修四庫
　　全書》九二六‧史部‧目錄類，上海：上海古籍出版社，2002年。

〔清〕蒙泉鏡著、劉映華注釋：《亦囂軒詩稿》，南寧：廣西人民出版社，
　　1989年12月。

〔清〕震　鈞：《天咫偶聞》，臺北：文海出版社，1968年。

〔清〕饒玉成：《餘墨偶談三集》八卷、《餘墨偶談四集》八卷，美國哈佛大學漢和圖書館藏光緒九年（1883）雙峯書屋刊本。

〔越南〕不著撰人：《書序摘錄》，漢喃研究院圖書館藏書，編號：VHv.350。

〔越南〕阮　述著、陳荊和編註：《阮述〈往津日記〉》，香港：中文大學出版社，1980年。

〔越南〕阮文交《阮探花淡如甫史論十三經集句》，漢喃研究院圖書館藏書，編號：A.234。

〔越南〕阮　述等：《越南使臣詩稿》，北京圖書館藏抄本。

〔越南〕阮綿審：《倉山詩話》，附抄於越南漢喃研究院圖書館藏《世說新語補》抄本之後，編號：VHv.105。

〔越南〕阮綿寘：《葦野合集》，漢喃研究院圖書館藏書，編號：A.782。

〔越南〕范熙亮：《范魚堂北槎日紀》，法國遠東學院藏抄本之微縮膠捲（Paris EFEO MF I.514）。

中國・復旦大學文史研究院、越南・漢喃研究院合編《越南漢文燕行文獻集成（越南所藏編）》，第十八冊～第二十一冊，上海：復旦大學出版社，2010年5月。

李德龍、俞冰主編：《歷代日記叢抄》，北京：學苑出版社，2006年。

陳益源：《越南漢籍文獻述論》，北京：中華書局，2011年9月。

陳益源：《越南阮朝所藏中國漢籍與使華詩文》，河內：河內師範大學出版社，2018年1月。

鄭克孟編著：《越南漢喃作家辭典》，臺北：華藝數位股份有限公司，2021年4月。

劉春銀、王小盾、陳義主編：《越南漢喃文獻目錄提要》，臺北：中央研究院中國文哲研究所，2002年12月。

二　學術論文

王小盾、何阡年：〈越南古代詩學的碩果：《倉山詩話》〉，《中國詩學》第九輯，北京：人民文學出版社，2004年6月，頁249-257。

武氏青簪：《越南阮綿審〈鼓枻詞〉研究》，國立成功大學中國文學系博士論文，2019年7月。

陳仲洋：〈考察一些阮朝皇室作家作品的文本狀況〉，《2009年漢喃學研究通訊》，河內：世界出版社，2010年，頁302-321。

陳益源：〈清代越南使節於中國刻詩立碑之現場考察：河南湯陰岳王廟〉，《越南與東方思想文化交流》，胡志明市國家大學所屬人文與社會科學大學文學系主編，2017年11月，頁956-975。

陳益源：〈清代越南使節於中國刻詩立碑之現場考察：山東濟寧仲夫子廟〉，《成大中文學報》，2020年9月，頁157-178。

三　網路資訊

一百副歷代好春聯：http://www.360doc.com/content/19/1226/11/8034445_882291647.shtml。讀取日期：2021年6月27日。

孫　檗：https://zh.wikipedia.org/zh-tw/%E5%AD%AB%E6%A9%92。讀取日期：2021年7月1日。

馬來西亞華人的生活禮俗

廖文輝[*]

摘　要

　　馬來西亞華人自祖輩飄洋過海落腳南洋，就已經將原鄉的生活習俗帶過來，並在他鄉結合在地的情況加以實踐。故此形成了一種其核心是中華文化本質，但外在形式有所調整的，並與原鄉有所不同的南洋獨有的華人習俗。生活禮俗作為華人習俗的一部分，基本也是如此，本文的目的在將從呱呱墜地到入土為安的人生旅途中涉及的誕生、成年、婚嫁和喪禮等生活禮俗，以及鄉里民俗，如鄰里互助、敬惜字紙、各類禁忌等進行整理論述。這些生活習俗和日常，構建了一個完整的南洋華人生活圖像。

關鍵詞：生活禮俗、庶民生活、民間文化

---

*　馬來西亞新紀元大學學院中文系暨東南亞學系副教授、東南亞學系主任。

一 前言

自上個世紀以來歷史學不論在理論、方法和資料的應用都有相當大的調整和改變，外在學科的衝擊，尤其是社會學科，無疑是個重要的因素。期間最大的突破是歷史敘述對象的下移，歷史關注的對象不再以上層階級的帝王將相為焦點，舉凡前此一切不入史家眼簾的，諸如婦女、兒童、乞丐、日常生活、飲食、服飾等等，逐漸被放大，成為史學研究的熱點。尤其在歐美學界，相關的論著汗牛充棟，在臺灣甚至成為史學研究的主流，有令人矚目的成就，並統稱之為新史學。上述新的史學研究趨勢，可視之為文化史和社會史的結合，這裡所謂的文化史並非傳統的文學藝術史、哲學思想史，而是同社會生活緊密聯繫的社會文化史，這既是現今所謂的庶民生活史或生活禮俗史。

國外史學研究如此翻天覆地的變化，對本土研究而言，似乎並沒有帶來太大的衝擊，影響有限，在研究上借鑒或援引這些成果的也不多。雖然如此，我們仍然有不少學人在這方面進行相關的書寫和研究，所以如此，或許是與馬新政治社會結構的特殊性有以致之。

華人漂泊南來，身處異鄉，並不曾出現統治階層，也沒有明顯的貴族或士紳階級其上雖有各土邦的馬來統治者，但自成一社會體系，與華人社會殊少接觸，雙方互不相犯，基本上是河水不犯井水，相安無事的。真正對華社有直接管制的是殖民統治者，但在華僑華人研究上對殖民統治者的研究並非焦點所在，華僑華人研究的重點是南來華人和土生華人的方方面面。可以說華僑華人研究的主要切入點是從中下階層開始，也就是從傳統的工商階級，或是與之相關的課題入手。因此會黨、社團或工商領導，或是各相關的宗教、教育、禮俗等課題就成為書寫的對象和課題，因此不論研究對象或課題皆有濃厚的庶民性。這種特殊的情況無疑給庶民生活史的研究提供了一個可能發展的管道。

李永球對太平華人的研究就是一個很好的例證，他的《移國——太平華裔歷史人物集》主要處理的其實就是一般平民的歷史。他的《日本手——太

平日據三年八個月》也是如此，故此書沒有針對日據時期的統治政策進行論述，其因在此。除此以外，最近也逐漸看到有學者朝這個方向努力，例如2005年3月在檳城舉行，由新加坡國大中文系和韓江學院華人文化館聯辦的《檳榔嶼華人研究》學術交流會，就有幾篇典型的生活禮俗方面的文章，如：〈天公誕的由來與習俗〉（李永球）、〈從木主記錄看華人社區領袖的世俗行為〉（陳劍虹）、〈社會輿論與南洋華人民俗——以《檳城新報》之政論為例〉（戴曉珊）等是。

生活禮俗的研究，可資採用的材料不少，諸如官方文本、大眾傳媒、調查統計、口述資料和私人記錄等是，不論哪一種資料皆有其優勢，也有其局限。但若說到全面與完整無疑要數報章，上述的戴曉珊一文就是極為典型的透過報章來進行民俗的研究。報章記載了每天社會各層面的生活大小事，是研究庶民生活最好的一手資料，而馬新有完整的館藏，也是本土研究在資料方面的優勢所在。

民間文化是一個特定區域內祖祖輩輩共創和共用的文化傳統。「是廣大群眾在長期社會生活中所創造、繼承和發展而成的民族文化。它的範圍很廣，包括物質文化、精神文化以及社會組織（如家族、村落及各種形式的社會團化）。」[1]每個人都有從屬的民族和地域，並都有自己所從屬的民間文化，「是與民間日常生活息息相關的禮俗儀式、生活習慣、語言和藝術等等的集合。[2]」這種文化一方面具有與其他民族文化相區別的特色和個性；另一方面，由於它長期存在而形成的傳統和民族精神，對該民族產生了巨大的影響。每個人的一生，都面臨既有民俗對他的塑造，直至生命結束。個人在人生社會中所經歷的儀禮禮俗，簡稱個人生活禮儀民俗。[3]中國傳統人生禮儀民俗類型紛繁複雜，一些古老的傳統做法從秦漢以來就已存在，然而經過漫長的傳承，其中已經有不少變異，有的淘汰，有的置換了形式，有的則有

---

[1]　鍾敬文：《話說民間文化》（北京：人民日報出版社，1990年），頁19。

[2]　王光東：《20世紀中國文學與民間文化》（上海：復旦大學出版社，2007年），頁1。

[3]　萬建中：《中國民間文化概論》（北京：北京師範大學，2016年），頁2。

所創新，但不少成分也保留至今，中國人生禮儀主要表現在生、婚、壽、喪等階段上。[4]馬來西亞的壽禮較為簡單，沒有特殊的儀式或禁忌，一般是上館子、吃生日蛋糕，很少大排筵席或隆重儀式，故此本文不予敘述。

　　本文之重點在整理論述馬來西亞各籍貫的生命禮俗及其異同，至於中臺相關的內容，僅在需要時給予簡單勾勒，以作為背景知識，並在其極大差異部分進行簡單的比較論述。再者，與華人日常生活相關的鄉里民俗，以及涉及較大群體的生活史也將於本文給予整理論述。

二　生命禮俗

（一）誕生禮[5]

　　生養禮俗是指求子、孕育、賀誕及圍繞這些環節而派生出的種種民俗事象，內容不外是女嬰及男根的祈求、胎神的信仰與祭祀、孕婦的行為規範和禁忌、預測男女的方式、催生和分娩習俗、誕生禮、坐月子、幼兒滿月周歲的慶賀、納吉習俗、取名禮俗等，也包括孩童成長過程中一系列的靈物崇拜和鎮鬼祛病的辟邪行為和成年禮儀。[6]

　　大體而言，在二十世紀八十年代以前，華社基本延續傳統中國多子多福，天生天養的觀念，家庭生育十個八個孩子是稀鬆平常的事，三五個孩子更是比比皆是。1990年代以後，馬來西亞快速城市化，高昂的生活費讓許多華人家庭貴精不貴多，一般皆以生養兩個孩子為主。此外，馬來西亞華社也延續舊社會重男輕女，不孝有三，無後為大的觀念，但這種觀念，也隨著社

4　何繼玲：〈傳統人生禮儀式與古代個體品德培育研究〉，西北師範大學碩士學位論文，頁36。

5　本節有關馬來西亞華人各籍貫誕生禮儀的資訊，主要有馬來西亞新紀元大學學院本科生沈彤芯同學通過現代社交傳媒採集和整理。此外，鄭錦華：〈生命誕生的那回事〉，《星洲日報‧文化空間》，2018年1月21日，第30版，亦有相關論述。

6　萬建中：《中國民間文化概論》（北京：師範大學出版社，2016年），頁129。

會的進步慢慢的淡化。此外，隨著醫院附設的坐月子中心的興起，年輕一輩經濟能力較好的都傾向送往這類中心，坐月婆的傳統行業也面對現代醫學坐月的的競爭。

馬來西亞老一輩人無不認為婦女吃了冬瓜就能懷孕，這點與原鄉無異。[7]無法生育的婦女可採用「接花枝」的習俗，就是通過領養孩子或者收作義子來助孕。[8]現近也會到廟宇點燈，如觀音送子燈（送子之佛）、桔子燈（吉子降臨）、孩子坐盆燈（孩子臨盆），通過祭拜祈求得子。[9]至於求子的飲食方面，男子會吃東革阿里（一種馬來社會傳統的壯陽藥）或者喝黑啤酒加幾粒生雞蛋，女生則以中醫調養子宮。據說，女生去撫摸有孕之婦的肚子可以沾染「孕氣」。[10]迎到孩子的人家都要設宴款待親友鄉鄰，現在則簡化為致電與親朋戚友報喜。[11]

自婦女受孕之日起，便有許多習俗要遵循，有孕的婦女被稱為身懷「六甲」或「有身」（閩南語），孕期凡事皆要謹慎，有許多的禁忌要注意，有的是有科學根據，但大多充斥民間迷信的成分，這些就形成傳統的「保胎」禮俗。[12]飲食禁忌中有禁食螃蟹，否則會橫生逆產；孕婦不能參與白事，同時要避開晦氣之事，否則腹中胎兒將發生不幸[13]；還有說被孕婦觸碰的棺材，下葬後會長白蟻，死者遺體會遭蟲咬。此外，孕婦也不能隨意觸碰小孩，否則胎神會攝取小孩的魂魄，胎神每天所站的位置不盡相同，因此孕婦房裡的事物也不可隨意移動，忌打針或縫衣，以免日後產下畸形或殘廢的嬰兒，嚴重者還可招致流產。[14]懷孕期間一般會對肚裡小生命的男女性別進行猜測，

7　胡樸安：《中華全國風俗志》（上海：書店出版社，1986年），頁70。

8　黃玉嬌，1988年生，福建永春人，使用facebook於6月25日至27日晚上7時至9時進行訪談。

9　蘇小玲，1975年生，福建人，使用微信於6月25日至27日晚上7時至9時進行訪談。

10　賴晶晶，1985年生，客家人，使用Instagram於6月25日至27日晚上7時至9時進行訪談。

11　陸慧頻，1964年生，客家人，使用微信於6月25日至27日晚上7時至9時進行訪談。

12　李惜珠，1990年生，福建人，使用Instagram於6月25日至27日晚上7時至9時進行訪談。

13　沈妙芳，1983年生，福建人，facebook於6月25日至27日晚上7時至9時進行訪談。

14　Elaine，1988年生，廣東人，使用facebook於6月25日至27日晚上7時至9時進行訪談。

有所謂的「數字測腹」，以孕婦月份，連同出生日期和分娩月份的數字相加，得到綜合的雙數再相加以取得單個位元數字，奇數代表生男，偶數則生女。[15]臨產期間，有者會到廟裡請「催生符」，以保佑產婦順利生產。[16]

　　生產時胎兒的姿勢應是頭下腳上，是謂順產。將近分娩時胎兒的頭部如果沒有向下，潮州民間視之為「腳踏蓮花」或「坐蓮花」出世，屬於難產，會對母親或胎兒任何一方有生命危險。據說這類嬰兒特別聰慧，比一般人傑出，其原因是與「觀音坐蓮」有關，是觀音「特選」的嬰兒，出生時必須經歷一番「苦難」。假若連續多胎生女，則有「換肚」習俗，以一個清洗的豬肚（豬胃），由內往外反轉，以紅棗、蓮子之類具有早生貴子吉祥之意的材料，放進大茶壺燉煮。壺嘴象徵男生性器官，用茶壺盛豬肚湯給婦女喝，便可祈求生個男丁。[17]

　　早期華社在胎兒降生後，主人家就要到親友鄰里處送紅雞蛋報喜，但禁止親朋戚友貿然闖入嬰兒所在地，以防邪穢之氣影響產婦和嬰兒的健康。[18]現時則簡化為滿月時送紅雞蛋，有的甚至第一胎之後就不再重複此禮。[19]某些籍貫認為第一胎是最非凡的，有開枝散葉之意，通常蛋糕盒裡有五個紅龜粿（或者五個蛋撻）、五粒紅雞蛋、一個班蘭蛋糕，是為「彌月之喜」。[20]

　　中國傳統有「婦人分娩謂之輕」之說，孕婦產後身子特別虛弱，產後一個月內需要滋補，是為「坐月子」。坐月時也頗為講究，一般採用傳統和現代混合的方式，喝補酒或藥草煮沸過的飲料，大多數人已經不吃傳統坐月必吃的「薑酒雞」，只吃雞和豬肉，拒絕吃薑及黃酒。[21]許多沒有醫學依據的習俗也逐漸擯棄，已甚少不洗頭不刷牙、不吃蔬果、不做任何家事、不出房門、

---

15 林紫洵，1970年生，潮州人，使用微信於6月25日至27日晚上7時至9時進行訪談。

16 陳浩陽，1961年生，客家人，使用微信於6月25日至27日晚上7時至9時進行訪談。

17 吳鑾瑩，1963年生，潮州人，使用Instagram於6月25日至27日晚上7時至9時進行訪談。

18 李俊昊，1958年生，客家人，使用微信於6月25日至27日晚上7時至9時進行訪談。

19 Fion，1983年生，福建人，口述記錄：使用facebook於6月25日至27日晚上7時至9時進行訪談。

20 吳如穎，1968年生，福建人，使用facebook於6月25日至27日晚上7時至9時進行訪談。

21 黃玲慧，1972年生，廣東人，使用微信於6月25日至27日晚上7時至9時進行訪談。

不讓親朋戚友探訪、不能哭泣、不能蹲（子宮會下垂）和不拿香禮佛。[22]其他如殺雞時蒸汽薰到臉上會得麻瘋病；[23]洗頭水也必須用藥草煮沸，否則會得雞腳風，雙手萎縮，已經被視為無稽之談。[24]客人甚至認為剛生小孩的產婦並不是身子不乾淨，只是身體虛弱，並認為初生嬰兒會給家裡增添喜氣。[25]

福建婦女生產後，護士會把臍帶剪下，與日後的胎髮放在紅包封，象徵孩子乖巧容易撫養，接下來幾日大人和小孩都不能胡言亂語，以免日後小孩頑劣；孩子回家後，不能隨意移動睡床，以免驚動「床母」導致孩子嘔吐。[26]客人則認為將有胎髮的紅包掛在床頭，嬰兒每晚就能安穩入睡，並沒什麼其他禁忌。[27]華人還有傳承自中國「洗三」的習俗，傳統的處理是在特定的日子裡，在浴水中加入草藥，如今產婦皆在醫院生產，回家後才進行「洗三」。[28]現今有的福建人已沒加入草藥換洗，只是以清水鹽洗。[29]傳統上客人則會在澡盆裡放一把鎖，意謂鎖住孩子，以免夭折，但現時卻沒有這種禁忌了，一般用藥水鹽洗，以免孩子感染疾病。[30]

孩子滿月則給孩子剃胎髮，福建人會請理髮師來剃毛髮，由父母將一撮頭髮放進紅包，掛在搖籃支架以斷前世衰運。[31]抓周時，福建人會隨意拿一些物品給嬰孩抓，並為嬰孩戴上金腳鍊以象徵平安。[32]客人則等孩子四、五

---

22 沈曉彬，1977年生，廣東人，使用微信於6月25日至27日晚上7時至9時進行訪談。

23 陸美芳，1964年生，客家人，使用微信於6月25日至27日晚上7時至9時進行訪談。

24 張維安：《廣東客家文化、認同與信仰：東南亞與台港澳》（臺北：國立大學出版中心，2015年），頁43。

25 陳秀珺，1991年生，客家人，使用微信於6月25日至27日晚上7時至9時進行訪談。

26 Mschee，1972年生，福建人，使用微信於6月25日至27日晚上7時至9時進行訪談。

27 吳婉梅，1971年生，客家人，使用instagram於6月25日至27日晚上7時至9時進行訪談。

28 張波：《福建人生禮俗中的中醫藥文化內涵》，福建中醫學碩士學位論文院，2008年，頁9。

29 鍾珍庭：1988年生，福建人，使用微信於6月25日至27日晚上7時至9時進行訪談。

30 陳秀珺，1991年生，客家人，使用facebook，於6月25日至27日晚上7時至9時進行訪談。

31 蘇小玲，1975年生，福建人，使用微信於6月25日至27日晚上7時至9時進行訪談。

32 Fion，1983年生，福建人，陸美芳，1964年，籍貫：廣東、客家，口述記錄：使用微信於6月25日至27日晚上7時至9時進行訪談。

歲時，才從他平時愛抓在手上的物品來預測他以後的志向。[33]抓周後，如果認為兒女的「生辰八字」與父母相剋，就要拜認乾爹和乾媽，以防難養。[34]客人認親則是為了讓孩子無病無痛。[35]

在中國，當孩子已屆入學年齡時，父母都會把他帶到「至聖先師」孔子或「文昌公」跟前膜拜，馬來西亞則不存在這一禮儀；臺灣「一貫道」道場大力推行儒家思想和孝道精神，傳統的冠禮有復興的趨勢，但馬來西亞「一貫道」的宗教信仰中，並沒有類似的儀式。[36]

（二）成年禮

成年禮是指一個人經過漫長的成長過程，逐步走向成熟，開始能獨立自主，脫離親人的養育和監護，承擔起家庭和社會所賦予的責任，因而舉行公告他步入開始社會的系列儀式。中國古代最為普遍的成年禮是及冠與及笄。[37]然而閩粵地區所奉行的成年禮又與北方的成年禮有別，馬來西亞華社的成年禮主要源自閩粵。事實上，在馬來西亞基本上並不太看重成年禮，甚至可以說無關緊要。二十一世紀以來，由於潮籍社團的宣導，在以社團為主導的推動下，潮人成年禮的儀式方才漸為人所注意。[38]

潮人傳統觀念有將嬰兒的生命稱為「花根」的說法，依據孩童生長歲

---

33 陸美芳，1964年是，客家人，使用微信於6月25日至27日晚上7時至9時進行訪談。

34 陸慧頻，1982年生，客家人，使用微信於6月25日至27日晚上7時至9時進行訪談。

35 陸美芳，1964年生，客家人，使用facebook於6月25日至27日晚上7時至9時進行訪談。

36 林紫洵，1970年生，潮州人，使用微信於6月25日至27日晚上7時至9時進行訪談。

37 譚業庭、張英傑：《中國民俗文化》（北京：經濟科學出版社，2010年），頁72-73。

38 馬來西亞潮人出花園習俗，基本已經消失。2007年，柔佛潮州八邑會館先行推動潮人子女在會館集體進行儀式，2013年柔佛潮州公會青年團聯誼會則在州內13個屬會推動。2014年方由馬來西亞潮州公會青年團聯合會主催，全國各地的潮州會館主辦，推動集體出花園習俗，才使這個習俗得以復興。李永球：〈做十六歲・七姐會・出花園──馬來西亞七夕節的習俗調查研究〉，廖文輝編：《2021年馬來西亞華人民俗研究論文集》（加影：新紀元大學學院，2020年），頁14。

序，相應分成「種花」「人花」「出花」三個階段。[39]沒過15歲的孩子被喻為果樹的枝幹，在天地宇宙的生命花園中度過，故有潮人子女15歲舉行「出花園」的儀式，象徵孩子脫離童年，步向成人求取功名的人生階段。潮人認為，未成年的孩子一直活在花園裡，到了15歲就得擇日舉行「出花園」儀式。這一天「出花園」的孩子不能跑到當空之下，要躲在屋子裡，實際是他從這天起不再貪玩，做個循規蹈矩的孩子。這一天，還要供果、三牲，宴請親戚朋友，對「出花園」的孩子要以大人相待，讓他坐到席上的大位，象徵孩子已成了家中棟樑。宴席間，親人們要向孩子祝願，贈寄美好的期望，從此，孩子就算跳出了花園牆，告別了天真爛漫、無憂無慮的童年，正式踏入成年的社會。據說這儀式最遲需在結婚前舉行，否則過山斷腿、過水淹死、成家無子、養雞雞瘟，六畜不旺，百事不順，只有出了花園的孩子，才會萬事如意，這是為何潮人至今仍然重視成年禮之因。[40]

出花園的儀式一般在七月初七乞巧節的早上舉行，馬來西亞的民俗工作者李永球曾對此儀式有詳細的記錄，茲引用如下：

> 儀式首先是男女孩童們穿上紅色衣（T恤），腳著紅木屐，排隊以鮮花水洗淨（象徵潔身自愛），然後到樓上祭拜神明，接著是咬雞頭，吃湯圓、豬內臟（象徵換新腸肚，或詮釋為換上好心腸）、豆干（高中當官）、魚、炒蒜和芹菜等蔬菜（象徵精明能算、勤勞、聰明），最後每位孩童獲得紅包。主持人也先介紹出花園的風俗與意義，在進行儀式時也一面講解，讓大家瞭解背後意義。主要是勸勉孩童潔身自愛，知書達禮，追求理想，恪守禮儀道德，已經長大成人，必須負起本身的責任等等。[41]

---

39 陳順宜：《漢族生養益壽風俗》（廣西：教育出版社，1990年），頁123。

40 吳鑾瑩，1963年生，潮州人，使用Instagram於6月25至27日晚上7時至9時進行訪談。

41 李永球：〈做十六歲‧七姐會‧出花園——馬來西亞七夕節的習俗調查研究〉，廖文輝編：《2021年馬來西亞華人民俗研究論文集》，頁14。

　　除了潮州人的「出花園」，福建人也有「做十六」的習俗。福建人相信七娘媽與床母是孩童保護神，孩子一出世，就自動過契予七娘媽為契子，並年年祭拜七娘媽及床母。李永球也採訪了一位82高齡，祖籍福建安溪的女士，針對有關習俗做了詳盡報導：

　　　昔年她祭拜七娘媽的時間是在七月初七的下午時分，通常一點過後直
　　到傍晚都可以祭拜。她在家門口（五腳基）擺起香案，祭品除了有香
　　燭，尚有七色花、線（不計多少色）、針、剪刀、鏡子、梳子、海棠
　　粉、胭脂、稻秧、水果、糕粿、還有三牲（雞、魷魚干及熟麵）、糖
　　粿（糯米攪番薯做成的湯圓，中心壓個凹洞，湯汁是黑糖薑湯。傳說
　　七夕當天牛郎織女相會，織女一年一度相見時痛哭流淚，糖粿的凹洞
　　就是盛織女的眼淚的。）等，以及一個紙糊的「七娘媽盆」，最後將
　　金紙及七娘媽盆焚化。她祭祀七娘媽數十年，直到最小的女兒十六虛
　　歲（1984年）後就停止祭祀，因為十六歲「洗契兼出花園」，就不再
　　是七娘媽的契子了。稻秧是以鐵罐子內放棉花，再撒數十顆稻穀，每
　　天澆水讓它們成長發芽，就將整罐稻秧來祭拜。這些祭品的意義就在
　　於強調農業社會的男耕女織，雖然與現代工商社會脫節，但背後意義
　　就是要我們勤勞工作，就會有好收穫。而床母則是在大節日時祭拜，
　　即除夕、清明節、乞巧節、中元節及冬節（冬至）時祭拜，通常是在
　　房間裡的床上進行，供品為一碗飯，三四道菜餚，只點三支香，不點
　　燭，祭拜了馬上燒金紙（在房間裡）。據說床母姓燭，所以不點燭，
　　祭拜了馬上燒金紙是因為若祭拜的時間長，那麼孩子會變成很頑皮不
　　聽話。[42]

另外，李永球也採訪了一對祖籍福建泉州晉江東石鎮的老夫婦有關膜拜床母與七娘媽的習俗：

---

42 李永球：〈做十六歲・七姐會・出花園──馬來西亞七夕節的習俗調查研究〉，廖文輝
　　編：《2021年馬來西亞華人民俗研究論文集》，頁6-7。

他們家裡的傳統是在孩子出世後，每個月的初二十六得祭祀床母，以一碗飯一粒煎蛋來拜祭床母，並上香點燭及化金紙，每逢節日也是如此祭祀，即使孩子滿十六歲了。他們還是恪守著傳統，在大節日祭祀床母，只不過取消了每個月初二十六的祭祀。陳啟全夫婦祖籍福建泉州晉江東石鎮，祭祀七娘媽會親自做糖粿（俗稱番薯圓），即採用木薯粉加上煮熟搗爛的番薯弄成圓形粒狀，再以手指頭按一個凹洞，放進鍋裡煮熟，再放進已經煮好的白糖湯裡即成。啟全家祭祀七娘媽的時間是在七月初七的午後，在住家門口處擺置香案，祭品有七杯茶、七色花、七色線、七粒碗糕、七粒蘋果、糖粿、油飯（糯米飯）、煎魚、牲禮（三牲）、海棠粉及女性化妝品、金紙、七姐衣及七姐盆。玉英說，化妝品拜後她會使用，會使到自己更加有人緣及青春美麗。孩子長大了本來可以不拜牲禮，因為今年喜獲一位孫兒，所以才加上了牲禮。[43]

隨著時代的演變，福建人十六歲拜床母和七娘媽的風俗嚴重式微，目前僅餘極少數的老一輩如上所述者，仍然堅持這種傳統，可想而知，隨著他們的離開，這些風俗將會消失殆盡了。

（三）婚嫁禮

中國傳統的婚姻主要分成六個階段，古稱「六禮」，即納采、問名、納吉、納徵、請期、親迎。這種禮制仍然奉行於早期的馬新華人社會，成書於十九世紀的英文著述《馬來半島》（*The Malayan Peninsula*）有相當詳盡有關華人婚俗的介紹，甚至婚後的禮俗，乃至「七出」和「三不出」也有概

---

43 李永球：〈做十六歲‧七姐會‧出花園——馬來西亞七夕節的習俗調查研究〉，廖文輝編：《2021年馬來西亞華人民俗研究論文集》，頁7-8。

述。[44]較為晚出的《檳榔嶼志略》也有聊聊數語的記載：「婚者六禮具備，親迎不行於中國，猶於海外見之。至新婦入門、合巹禮畢、偕謁家廟，此婚禮之近古者。」[45]受西方殖民統治的馬新，自不免受西方律法的影響。布洛克家族統治下的砂拉越，在1911年即公布了華人婚姻的27號命令，凡11條，其中包括未滿5歲不得定親，未至16歲者不准完婚等條例，前者恐怕是針對華人傳統指腹為婚而來，後者則是童婚問題而設。同時規定，各隨鄉俗之傳統婚嫁，必得經過官方註冊方為有效。[46]直到1981年，國會方始通過《婚姻修正法案》，立法規定一夫一妻制，以解決重婚問題。[47]

　　一般上，華人的婚俗大致還是依據傳統的六禮，但隨著時代的進步，許多繁複的禮節，也逐漸淘汰或簡化，當中的諸多行事，主要結合民間習俗和道家信仰而成。從互換庚帖、訂盟、送日頭、安床、暖床、上頭，到迎親的「八卦米篩」或黑傘，莫不如此。[48]

　　峇峇的婚禮基本採行馬來人的禮俗，如會贈送訂婚禮物（mas kahwin）給女方父母，象徵新娘聖潔的梹葉盒（Tepak Sirip）會在婚禮上出現，使用百花（bunga rampai）和燒香，歌舞除了傳統馬來歌舞，也有中國樂隊演奏。[49]峇峇的婚禮不僅融入不少在地元素，同時在不少環節比傳統華人的儀式還要隆重，更為精緻。梳頭前峇峇新人家裡都會擺三界桌祭拜天公，必須由男生負責，擺設有極為嚴苛的要求，甘蔗要去皮切小節，與柑擺出金字塔的形狀，表示步步高升的好意頭。華人的梳頭儀式一般在午夜12時以後，但

44 P. J. Begbie, *The Malayan Peninsula*, Kuala Lumpur: Oxford University Press, 1967, pp.469-473.

45 力鈞：《檳榔嶼志略》，林遠輝、張應龍編：《中文古籍中的馬來西亞資料彙編》（吉隆坡：馬來西亞中華大會堂，1998年），頁417。

46 林守馴：《砂羅越國志略》（上海：上海商務印書館，1926年），頁67-69。

47 何啟良主編：《馬來西亞華人人物志》（八打靈：拉曼大學中華研究中心，2014年），頁1612。

48 蘇慶華：〈道教和傳統民俗中的生命禮儀〉，黃大志編：《道家、道教與民俗文化研究》（新加坡：八方文化出版社，2008年），頁98-99。

49 陸世敏報導：〈人生大事　禮俗大不同　各族婚禮　重視傳統〉，《星洲日報》，2018年6月3日，版30。

峇峇會完全遵照通書的指示，哪怕吉時在淩晨三點，他們也會奉行如儀，新人要身著白衣，誠心發誓，才可梳頭。新人跪拜父母後，還得坐在鋪滿白米的大圓竹篩，表示要做好人妻和人夫的角色。[50]

（四）喪葬祭禮

傳統的華人社會，一般皆諱言死喪事宜，即便進入了資訊時代，這種忌諱心態基本沒有太大改變。孟子謂：「養生喪死無憾，王道之始也」，卻強調「養生者，不足以當大事；惟送死，可以當大事」，可見送終之重，故此華社極為重視「慎終追遠」「入土為安」的觀念。喪事，俗稱「白事」，從傳統而言包括了初死、報喪與奔喪、大殮、出殯四個過程。從現今的儀式而言則為初喪禮儀，治喪禮儀、出喪禮儀和終喪禮儀。此外，從喪事到往後的祭祖，也體現了宗法倫理、靈魂不死、祭死祝生、祥瑞辟邪、葬先蔭後和魂歸故里的傳統觀念。[51]馬來西亞華人的喪葬方式主要以土葬和火葬為主，土葬由於土地有限，加上尺土寸金，華人對入土為安觀念的轉變，火葬也開始廣為接受。

馬來西亞華人源自閩粵，喪禮儀式也有差別，一般而言閩潮較重喪禮，尤以閩人最為繁複，粵客則簡約，即便南馬和北馬大同中亦有小異。[52]事實上，華人的喪葬儀式是由宗教信仰和傳統習俗結合而成，前者有神職人員佈置和主持，後者則由殯葬人員負責，如洗穿化殮、燈籠、孝服、腳尾飯、紙紮靈屋等。前者的喪禮主要有道教和佛教，道教則有不同籍貫的道士進行儀式，如福建靈寶派、潮州功德班、廣東客家香花派，海南道士則罕見；佛教則多為漢傳佛教僧侶助念誦經。在馬來西亞一般以宗教為先，再決定進行何種籍貫的儀式。[53]

---

50 林源瑞：《漫步古城老街談故事》（麻六甲：自印，2010年），頁54-55。

51 譚業庭、張英傑：《中國民俗文化》（北京：經濟科學出版社，2010年），頁94-100。

52 李永球：《魂氣歸天──馬來西亞華人喪禮考論》（金寶：漫延書房，2012年），頁5。

53 整理自林漢聰、王秀娟：〈傳承到實踐：談雪隆地區福建社群喪禮的信俗與民俗反思〉，

　　福建人的傳統喪禮如果往生者是在屋外逝世，則必須進行「生人入屋」與「吃甜」儀式，然後才由殯葬服務人員宣佈死亡時刻，表示亡者在這一刻才逝世。之後主事家裡開始「除紅掛白」，象徵白事或喪禮的開始，家中的神臺和鏡子必須用白麻將紙或粉紅紙遮蓋。接著是進行福建人自成一套的「洗穿化殮」儀式。當「洗穿化殮」的步驟完成後，喪禮的宗教法事主導權將交由道士或和尚進行。喪禮第一晚的法事科儀和儀式計有：起鼓、請聖、招魂、靈寶度人經、解冤釋結及晚課。第二晚的法事主要是水懺和做供。喪禮進行中，家屬必須依據輩分穿上孝服，兒輩為白色、孫輩為藍色、曾孫輩為青色，並在手臂、手環、腰間綁上白彩帶，較少見全麻或披麻戴孝，只有孝子女輩和長孫戴全麻孝。此外，還需要向親友報喪和發訃告，訃告以報章或是由道士另外寫在白紙上貼在喪家處或停靈處，也有開始於1960年代的「放蠟燭」的方式來報喪，現在則以白蠟燭取得紅蠟燭，並有燃香和寫上喪府的名字，放置在路旁或社區主要入口，變相成了弔唁者的指引路牌。福建人還保留了「壓棺米」的習俗，以白米中塞入紅包及零錢，之後再用白布包裹成包袱壓在棺材上方。舉殯之後，才將白米和零錢分成多份予亡者的孝男孝女，寓意亡者庇佑子孫有的吃、有錢花。[54]

　　至於客家人的喪葬儀式，基本與福建人大同小異，以下是霹靂金寶一戶傳統客家人喪儀的流程。初喪禮儀流程為小殮、送板、大殮、封神、設靈堂、穿孝服；治喪禮儀為道士設壇、請神、買水、上孝成服、開壇、追魂、招魂、拜懺、過奈何橋、燒靈屋、送神；出喪禮儀為封棺、設家奠禮、道士還壽、誦讀奠文、三叩九跪禮、壓殺、餞行、上山、下葬、呼龍、拋塚雞、分五穀；終喪禮儀為七七齋、旺山、入夥、開光。[55]

廖文輝編：《2020年馬來西亞華人民俗研究論文集》（加影：新紀元大學學院，2020年），頁193-194。

54 林漢聰、王秀娟：〈傳統與現代：談吉隆坡佛教社群喪葬習俗的發展與變革〉，廖文輝編：《2020年馬來西亞華人民俗研究論文集》，頁195-206。其所論述雖然以吉隆坡為主，相信馬來西亞其他地區福建社群的喪禮基本相差不遠。

55 盤宏達：〈傳統與現代交織的華人喪葬習俗：以霹靂州金寶一鎮為個案研究〉，廖文輝編：《2020年馬來西亞華人民俗研究論文集》，頁162-177。

至於早期有關喪葬的文字，《馬來半島》一書雖是出自英人之手，卻用了11頁的篇幅詳盡地論述華人的喪葬禮俗，從中可以瞭解華人早期喪禮的一些細節。[56]《檳榔嶼志略》和《新嘉坡風土記》也有簡單的論述：

> 喪不停柩，合逾月而喪之禮，執紼必素冠，婦女亦徒腳，題主在山場，虞祭仍凶服，王漢宗葬其父用墓誌，此喪禮之近古者。[57]

> 居民生死，每月有冊刊報……生死報冊俱有限。生育者，三禮拜內不報，查處罰洋五元；死者逾一晝夜、二十四點鐘不報，即議重罰……在坡生長之華人，一經報冊，紀隸英籍。[58]

三　鄉里民俗

（一）鄰里互助

鄰里互助是中國傳統社會代代相傳的良風美俗，這種慣俗也隨著南來的華人飄洋過海而來，例如婚喪、修房、生產勞動、經濟和教育上的互助。[59]這種互助傳統也隨著華人進入異鄉，為了彼此有個照應而延續，類似互助的職能就依託在會黨，以及各類地緣、血緣和業緣社團，社團所設立的福利部主要就在處理有關事務。這些事務主要體現在喪葬事宜、聯絡感情、調節糾紛、收容同鄉、推薦工作，興學辦教等。會黨和社團的互助功能小有力有不

---

56 P. J. Begbie, *The Malayan Peninsula*, Kuala Lumpur: Oxford University Press, 1967, pp.473-484.

57 力鈞：《檳榔嶼志略》，林遠輝、張應龍編：《中文古籍中的馬來西亞資料彙編》（吉隆坡：馬來西亞中華大會堂，1998年），頁417。

58 李鍾珏：《新嘉坡風土記》，林遠輝、張應龍編：《中文古籍中的馬來西亞資料彙編》（吉隆坡：馬來西亞中華大會堂，1998年），頁405。

59 萬建中、李少兵等著：《中國民俗史：民國卷》（北京：人民出版社，2010年），頁366-369。

及之處，尤其是面對燃眉之急的經濟和生活難題，鄉鎮的庶民自有其解決之道，諸如父母會、兄弟會、扒會、合作社、俱樂部等組織就相應產生。這些互助會，大部分是民間社會自發組成，很少註冊立案。這些組織為升斗小民解決不少生活和經濟上的問題，實際上也是一股穩定社會的力量，其作用不容小覷。

經濟上最為常見的互助是「扒會」，是種源自中國原鄉的習俗，在馬新則通稱「標會」或「銀會」。這裡權且引用《中國民俗史》的論述，以說明其操作模式：

> 扒會是鄉間的一種互貸活動，是窮苦人家對付高利貸的一種手段。由一人作會首，串連若干人入會，定期扒會，入會人各攜相等股金前來，會首主持拈鬮，事前議定幾人中簽。拈中的，幾人平分所有股金，作無息貸款。下次再扒會，上次中籤的就只拿股金不參加拈鬮了，這樣，反覆幾次，最後連還本的人也得到一次使用會中貸款的機會，這一次會就算結束。扒會的總期一年到三年不等。[60]

可見「扒會」是種民間的金融交換工具，是民間自成的貨幣網絡，也是民間自為的強制性儲蓄工具和累積資金的方法。[61]這個習俗傳入馬新後，基本原封不動移植過來，沒有什麼的改變，不論是大城小鎮，只要有華人的地方，都會看到這種標會活動。標會確實可以讓升斗小民應急，而免去高利貸（民間俗稱「大耳窿」）的盤剝和威嚇，即使在現今的二十一世紀，標會仍然盛行於民間。類似的銀會出來可解庶民的燃眉之急，同時也是社團組織籌集資金的有效管道。檳城的五福堂會館（五福書院）建成後，為了要歸還鄭景貴所承擔的費用，並籌募發展基金，組織了「千益銀會」，成為最早的經濟來源，這段歷史燒錄在〈重修五福書院千益會碑記〉：「其會例議，每月每份供

---

60 萬建中、李少兵等著：《中國民俗史：民國卷》，頁368。

61 陳介玄：《貨幣網路與生活結構——地方金融、中小企業與臺灣世俗社會之轉化》（臺北：聯經出版事業公司，1995年），頁177-178。

銀三毫，供以三十六個月為滿，會滿後，陸續開投，使彼此均沾其益。」[62]

早期社團組織其中一個最為重要的互助功能就是喪葬事宜，為了處理養生喪死的問題，鄰里亦自我組織所謂的父母會，以便彼此照應。這裡以雪蘭莪丹絨士拔漁村為例，以概其餘。丹絨士拔於戰前就已經組織父母會，1934年，33位成員在神明前誓約凡事互助互惠，諸如紅白事、建房曬網，乃至經濟互助，如果會員父母病危，可輪流看顧，直到會員父母病癒或離開人間辦妥喪事為止。1950年代初新村成立時期，因為神明香火需要繼承人管理，議決組織第二代父母會成員，規定必須由第一代會員中有血緣關係者來組成，共計有61位會員，擇期1953年12月10日舉行宣誓，義結金蘭，並加入最新規定：會員父母逝世後，全體會員必須穿上孝服，買水時要接水，還要殮棺，並在百日協助分發紅花心和糖果，才功德圓滿。這種父母會是以神明為依託，以廟宇為活動中心，組織有志一同者，在艱困的年代相互照顧年邁父母，充分體現華人孝道的精神。[63]

1947年，雪蘭莪沙登新村一批約十來人的村民，有見於當地華工華民因為緊急狀態，遭受英殖民政府和馬來亞共產黨兩方面的不人道對待，甚至慘遭殺害，加上孤苦無依的南來華工，時遭病痛，無錢就醫，乏人照顧，身後事也無人打理。為此，他們聯合發起創立余慶俱樂部，維護華工的命運。組織的首要任務是救濟貧病無依的華工請大夫、照顧起居、籌措醫藥費，料理後事。同時，慶余也替意外喪生或被英軍和馬工處決者料理後事，並為遭英殖民政府驅逐出境者籌措路費。[64]

馬六甲巴也明光新村的互助組織則以合作社的名義出現，也是巴也明光1950年代新村剛成立時最主要的社團，凡是會員皆需繳交二元至五元不等的

---

62 王琛發：〈馬來西亞華文教育與五福書院歷史探源（中年）〉，《林連玉紀念館通訊》（吉隆坡：林連玉基金，2019年1月年），頁40。

63 湯雨福編：《馬來西亞雪蘭莪州丹絨士拔青龍宮史跡手冊》，非正式出版品，2008年，頁2-9。

64 馬瑛、潘碧絲：〈馬來西亞史裡肯邦安（沙登年）客家新村現狀調查〉，《馬來西亞人文與社會科學學報》，第8卷第1期，2020年，頁16。

會費，以便合作社以此資金建立雜貨店為村民提供日常用品。及至養豬業興盛，合作社也提供飼料。到了二十世紀後期，合作社也進行金融業務，方便村民儲蓄，同時以這些資金發展屋業和油棕，以為收入的來源。馬六甲興化會館也附設互助會，為漁船遇難的社員提供援助。隨著甲興化合作社及其他業緣組織的先後成立，作為促進同業互助的社會功能已被取代。然而會館的理事仍然積極推動同鄉利益，通過聚集同鄉力量，集資成立興安企業（馬）有限公司，力邀會員入股，希望以企業方式協助同鄉提升生活素質。[65]

（二）敬惜字紙

敬惜字紙源自對傳說中造字的倉頡和文字所具有靈異之力的崇拜，並演化成對寫有文字的紙張的敬惜。發展至明清還有撿拾字紙專人，把沾上污穢的紙張清洗乾淨，然後集中焚燒，並將灰燼儲存起來，在特定的日子送到江邊或海邊投入水中。[66]這種通過宗教宣導，往往可以在民間流通的善書封面或扉頁上看到「敬惜字紙」的字樣，這種習俗也在馬來西亞有所流行。就目前所知，可供參考的碑銘文字有三，一為立於霹靂太平鳳山寺之「敬惜字紙」石碑銘刻，二為砂拉越古晉林華山觀音堂神龕背後的「敬惜字紙」木雕刻版，三是柔佛古廟敬字亭爐口門額上的「敬惜字紙」四字。古晉觀音堂更明確點出「敬惜字紙」之緣由：「千里之遙，付數言可以相通；萬古產業，皆賴字跡為據。但看世人，文字衰者，家必敗也；文字盛者，家必興也。若遵先王之道，畏聖人之言，須要敬惜字紙，則近報於己身，增幅添壽；遠報在兒孫，貴顯官榮」，乃至教導紙字的處理：「字紙不可糊窗包物，不可點火吃煙。若字紙在地，務要收拾以火化之，或洗以江河，或埋於土中」。[67]

---

65 李金芝：《麻六甲興化社團的角色及其功能之研究（1945-2000）》，馬來西亞拉曼大學中文系碩士論文，2011年，頁78-79。

66 洪毅翰：〈淺談新馬舊時敬惜字紙習俗和柔佛古廟的敬字亭〉，白偉權編：《柔佛巴魯華族歷史文物館年刊》，2017年，頁69。

67 蘇慶華：〈有關敬惜字紙的習俗和碑刻文〉，《馬新華人研究：蘇慶華論文選集（第二

　　再者，兩則口述文獻也記錄了這種良風美俗。一則是由太平文史工作者李永球採訪記錄：「在二三十年代，常見有先天齋教導儒門修士背了竹籠，沿街拾取文字紙……把撿回來的字紙拿到鳳山寺的字紙爐燒化，待積存了大量紙灰，即舉行隆重儀式，以兩面大鑼開道，一路敲打，由古打（Kota）區的大善佛堂步行到十八丁（Kuala Sepatang）港口，將紙灰倒入水中，流出大海」。另一則是柔佛柔佛巴魯華社元老的口述：「當時人們都是用毛筆寫字，而這些用後的廢紙都不隨地丟棄，而是由古廟廟祝向柔佛巴魯各店主（尤以雜貨店居多）收集寫滿字的紙張，然後將所收集到的紙張拿到古廟的塔里燒，此用意是為了尊敬孔子先師，古時人們對中國文化的重視，由此可見一斑，而這正與塔上所刻的『一字千金』相呼應。」[68]

　　類似的碑刻和文字應當所在多有，只是沒有加以收集整理。此外，年老一輩的通常都會訓誡小孩不可踐踏或坐在書冊和報紙等印有文字的紙類，由此可見馬來西亞民間社會早期，普遍教育水準不高，但通過宗教和家庭的宣導，對文字和紙張基本上仍然是敬愛和珍惜的。

（三）禁忌和不成文規定

　　禁忌和不成文規定不論身處任何時代、任何地區、任何階層，或多或少，或隱或現，總是無可避免。禁忌有普遍性或特殊性之別，前者是全體族群或全國皆普遍認同和奉行，後者僅局限於特定群體或地區，例如某些行業或特定宗教儀式的禁忌等是。以下將以拜天公、喪禮為例加以說明普遍性禁忌。特殊性之禁忌則以檳城姓郭橋族裔禁食豬肉和戲班祖師爺的禁忌為例。

卷）》（雪蘭莪：聯營出版有限公司，2010年），頁219-226。洪毅翰：〈淺談新馬舊時敬惜字紙習俗和柔佛古廟的敬字亭〉，白偉權編：《柔佛巴魯華族歷史文物館年刊》，2017年，頁71-72。

68 蘇慶華：〈有關敬惜字紙的習俗和碑刻文〉，《馬新華人研究：蘇慶華論文選集（第二卷）》（雪蘭莪：聯營出版有限公司，2010年），頁210。〈遊神盛會是豐收的慶典——古廟掌故之五·洪細佛（口述）〉，吳華編：《柔佛古廟專輯》，柔佛巴魯：柔佛巴魯中華公會，1997年，頁107。

　　舊例慣俗認為天公是至高無上的尊貴之神，有喪在身著必須巾幗三年脫孝後方可祭拜天公，日新月異的社會發展，逐漸將期限縮短至一年，甚至49天和7天不等。同時，帶孝者身上會帶有晦氣，也不宜隆重其事以豐盛祭品祭拜，但如今也不再受這些形式上的約束，而採自由選擇的方式。[69]死亡是人生大事，為了慎重，喪禮的禁忌就較多，如生人入屋儀式完成後，家中的神明和鏡子必須要蓋上白麻將紙，華人深信玻璃製品會將亡者魂魄攝入，對生者和死者皆不利。諸如此類的禁忌基本是馬來西亞不論任何籍貫者都會共同遵守的。

　　姓郭橋所居住者主要都是百崎郭姓回族的後裔，他們仍然沿襲不吃豬肉的傳統，並立下禁忌：活人可吃豬肉，死人不可吃豬肉；祭拜先祖和治喪、守教期間，嚴禁吃豬肉、禁用豬油；祭祀禁用豬肉和甲殼類等，這些禁忌皆源自回教。郭姓橋民至今還保留一套不沾豬油的廚房用具，只有祭祖時才使用，這是對穆斯林祖先一種敬意的表達。[70]

　　華光大帝為戲班祖師爺，表演前必先準備公雞割喉取血，倒進碗中與米酒攪拌，點在演員額頭和口部，寓意祖師爺保佑，演出順利。此外，也禁止臺上說不吉利的話語，見到蛇改稱「長吊」，老虎則稱「馬嘍」，演出前禁吃大包，否則演出過程必有障礙。[71]

（四）宴請

　　宴請是所有華人生命中皆無可避免的生活習俗，小至個別親友，大至婚宴壽誕，乃至被人邀請赴宴，一生所涉及的大小宴會可謂不計其數。打從呱

69 陳晶芬：《馬來西亞華人的年節習俗與神話傳說──以檳榔嶼華裔族群為主》，國立政治大學中國文學系碩士學位論文，2012年，頁232。

70 陳晶芬：《馬來西亞華人的年節習俗與神話傳說──以檳榔嶼華裔族群為主》，國立政治大學中國文學系碩士學位論文，2012年，頁230。

71 張玳雄編：《海南之聲》（吉隆坡：馬來西亞雪隆海南會館，2018年3月年），第52期，頁59。

呱墜地，就有滿月和周歲的送禮和宴會，人生大事則有婚宴，有者小登科也安排宴飲熱鬧一番，最後還有祝壽宴請。在眾多的宴會中，只有婚姻大事，即便囊袋羞澀，恐怕是無可避免的。1980年代以前，華人主要來自各地的村鎮，婚宴一般由餐館承包，在自家門口擺設，以午宴的形式廣邀親友。1980年代以後，馬來西亞開始城市化，華人大量移入城市，宴請的方式逐漸以大酒樓為主，而且極為講究排場。百餘年來，並沒有太大的差別

在十九世紀西方文獻中已經記載華人宴請的大致情況，首先發出紅帖，還要當面邀約，並再三提醒，以表誠意，一般七點開席，飲料以酒類為主。[72]百餘年來，整個過程並沒有太大的差別。

五　結論

馬來西亞華人社會作為一個已經存在兩百餘年的移民社會，從他鄉變故鄉，期間經歷了在地調適和融入，除了大量保留閩粵原鄉的生活習俗，也融合了不少在地元素，形成一種有別於原鄉的在地華人生活禮俗。這些生活禮俗中的主要儀式和習俗基本保留了下來，如誕生、成年、婚嫁和喪葬，但具體操作和內容卻融入了不少的在地內容，形成了獨特的馬來西亞華人的生活禮俗。此外，原鄉的鄉里習俗如鄰里互助、敬惜字紙、各類禁忌等也繼續運作。但諸如此類的習俗隨著馬來亞獨立後政府職能的發揮作用，律法的完善、教育水準的提升，這些習俗也就隨著時代更替而逐漸消失，成為人們的記憶。最後，這些生活習俗和日常，構建了一個完整的華人生活圖像，也值得吾人加以勾勒和展現。

72　P. J. Begbie, *The Malayan Peninsula*, Kuala Lumpur: Oxford University Press, 1967, pp.487-489.

參考文獻

一　專著著作

陳介玄：〈貨幣網路與生活結構──地方金融、中小企業與臺灣世俗社會之轉化〉，臺北：聯經出版事業公司，1995年。

陳順官：《漢族牛養益壽風俗》，廣西：教育出版社，1990年。

何啟良主編：《馬來西亞華人人物志》，八打靈：拉曼大學中華研究中心，2014年。

洪毅翰：〈淺談新馬舊時敬惜字紙習俗和柔佛古廟的敬字亭〉，白偉權編：《柔佛巴魯華族歷史文物館年刊》，2017年。

胡樸安：《中華全國風俗志》，上海：書店出版社，1986年。

力　鈞：《檳榔嶼志略》，林遠輝、張應龍編：《中文古籍中的馬來西亞資料彙編》，吉隆坡：馬來西亞中華大會堂，1998年。

李鍾珏：《新嘉坡風土記》，林遠輝、張應龍編：《中文古籍中的馬來西亞資料彙編》，吉隆坡：馬來西亞中華大會堂，1998年。

李永球：《魂氣歸天──馬來西亞華人喪禮考論》，金寶：漫延書房，2012年。

李永球：〈做十六歲・七姐會・出花園──馬來西亞七夕節的習俗調查研究〉，廖文輝編：《2021年馬來西亞華人民俗研究論文集》，加影：新紀元大學學院，2020年。

林守馹：《砂羅越國志略》，上海：上海商務印書館，1926年。

林源瑞：《漫步古城老街談故事》，馬六甲：自印，2010年。

林漢聰、王秀娟：〈傳統與現代：談吉隆坡佛教社群喪葬習俗的發展與變革〉，廖文輝編：《2020年馬來西亞華人民俗研究論文集》，加影：新紀元大學學院，2020年。

盤宏達：〈傳統與現代交織的華人喪葬習俗：以霹靂州金寶一鎮為個案研究〉，廖文輝編：《2020年馬來西亞華人民俗研究論文集》。

P. J. Begbie, The Malayan Peninsula, Kuala Lumpur: Oxford University Press, 1967.

蘇慶華：〈道教和傳統民俗中的生命禮儀〉，黃大志編：《道家、道教與民俗文化研究》，新加坡：八方文化出版社，2008年。

蘇慶華：〈有關敬惜字紙的習俗和碑刻文〉，《馬新華人研究：蘇慶華論文選集（第二卷）》，雪蘭莪：聯營出版有限公司，2010年。

湯兩福編：《馬來西亞雪蘭莪州丹絨士拔青龍宮史跡手冊》，非正式出版品，2008。

譚業庭、張英傑：《中國民俗文化》，北京：經濟科學出版社，2010年。

萬建中、李少兵等著：《中國民俗史：民國卷》，北京：人民出版社，2010年。

萬建中：《中國民間文化概論》，北京：北京師範大學，2016年。

王光東：《20世紀中國文學與民間文化》，上海：復旦大學出版社，2007年。

王琛發：〈馬來西亞華文教育與五福書院歷史探源（中）〉，《林連玉紀念館通訊》，吉隆坡：林連玉基金，2019年1月年。

〈遊神盛會是豐收的慶典──古廟掌故之五‧洪細俤（口述）〉，吳華編：《柔佛古廟專輯》，柔佛巴魯：柔佛巴魯中華公會，1997年。

張維安：《廣東客家文化、認同與信仰：東南亞與台港澳》，臺北：國立大學出版中心，2015年。

張玳雄編：《海南之聲》，吉隆坡：馬來西亞雪隆海南會館，2018年3月，第52期。

鍾敬文：《話說民間文化》，北京：人民日報出版社，1990年。

二　學位論文

陳晶芬：《馬來西亞華人的年節習俗與神話傳說──以檳榔嶼華裔族群為主》，國立政治大學中國文學系碩士學位論文，2012年。

何繼玲：《傳統人生禮儀儀式與古代個體品德培育研究》，西北師範大學碩士學位論文。

李金芝：《馬六甲興化社團的角色及其功能之研究（1945-2000）》，拉曼大學中文系碩士論文，2011年。

張　波：《福建人生禮俗中的中醫藥文化內涵》，福建中醫學院碩士學位論文，2008年。

三　期刊論文

陸世敏報導：〈人生大事　禮俗大不同　各族婚禮　重視傳統〉，《星洲日報》，2018年6月3日，版30。

馬　瑛、潘碧絲：〈馬來西亞史裡肯邦安（沙登）客家新村現狀調查〉，《馬來西亞人文與社會科學學報》，2020，第8卷第1期。

鄭錦華：〈生命誕生的那回事〉，《星洲日報‧文化空間》，2018年1月21日，第30版。

四　其他

陳浩陽，6月25日至27日晚上7時至9時，微信。

陳秀珺，6月25日至27日晚上7時至9時，Facebook。

陳秀珺，6月25日至27日晚上7時至9時，微信。

Elaine，6月25日至27日晚上7時至9時，Facebook。

Fion，6月25日至27日晚上7時至9時，Facebook，口述記錄。

Fion、陸美芳，6月25日至27日晚上7時至9時，微信，口述記錄。

黃玉嬌，6月25日至27日晚上7時至9時，Facebook。

黃玲慧，6月25日至27日晚上7時至9時，微信。

賴晶晶，6月25日至27日晚上7時至9時，Instagram。

李俊昊，6月25日至27日晚上7時至9時，微信。

李惜珠，6月25日至27日晚上7時至9時，Instagram。

林紫洵，6月25日至27日晚上7時至9時，微信。

林紫洵，6月25日至27日晚上7時至9時，微信。

陸慧頻，6月25日至27日晚上7時至9時，微信。

陸慧頻，6月25日至27日晚上7時至9時，微信。

陸美芳，6月25日至27日晚上7時至9時，Facebook。

陸美芳，6月25日至27日晚上7時至9時，微信。
陸美芳，6月25日至27日晚上7時至9時，微信。
Mschee，6月25日至27日晚上7時至9時，微信。
沈妙芳，6月25日至27日晚上7時至9時，Facebook。
沈曉彬，6月25日至27日晚上7時至9時，微信。
蘇小玲，6月25日至27日晚上7時至9時，微信。
蘇小玲，6月25日至27日晚上7時至9時，微信。
吳如穎，6月25日至27日晚上7時至9時，Facebook。
吳婉梅，6月25日至27日晚上7時至9時，Instagram。
吳鑾瑩，6月25日至27日晚上7時至9時，Instagram。
吳鑾瑩，6月25日至27日晚上7時至9時，Instagram。
鍾珍庭，6月25日至27日晚上7時至9時，微信。

馬華文學雜誌的「第三世界」文學感知
——以1950、60年代的《蕉風》、《浪花》為例

魏月萍[*]

摘　要

　　1955年在印尼召開的萬隆會議，集聚了剛擺脫殖民的新興獨立國家，掀開世界的新秩序。會議旨在建立美蘇兩大陣營以外的第三世界共同體，擬定國與國之間的基本規範，關注反殖、反帝、反壓迫及解決貧窮問題。萬隆會議所形成的「團結、和平和友誼」情感基礎，成為後來者追溯萬隆精神與第三世界連結的重要情感記憶和思想動力，例如新加坡南洋大學時期的學生，透過學生刊物展露的社會關懷與論述實踐中，亦透露對「第三世界」的想像與視野。此外，於1955年創刊的非左翼文學雜誌《蕉風》，在創刊初期雖貫徹馬來亞化的本土精神，亦有面向第三世界的眼光；而在馬來亞獨立之後1965年創刊的左翼雜誌《浪花》，對勞動階級、反殖抗爭問題更具敏感度，關注視野擴及非洲等地，亦有鮮明的第三世界關懷意識。本論文旨在通過1950-60年代的文學刊物《蕉風》與《浪花》，梳理在馬來亞獨立前後，無論是已擺脫殖民統治成為新興國家，抑或針對獨立後的殖民反思，比較兩份秉持不同文學觀的代表性文學雜誌對於「第三世界」所反映出的文學感覺、關懷主題與表達形式，由此揭示1950-60年代文學雜誌的共同關懷，而所謂的「第三世界」並非僅指向地域，而是一種視野，一種精神立場，甚至是一種文學感知和思考方式。

關鍵詞：《蕉風》、《浪花》、第三世界、冷戰、萬隆精神

---

[*]　馬來西亞蘇丹伊德里斯教育大學中文系副教授。

一　萬隆會議與第三世界

　　1955年的印尼萬隆會議在殖民主義的侵略以及冷戰意識形態的張力中，確立了亞非（亞洲、非洲）各國的「獨立」姿態與「國際連接」。那時萬隆會議集聚了剛擺脫殖民的新興獨立國家，掀開世界的新秩序。會議旨在建立美蘇兩大陣營以外的第三世界共同體，擬定國與國之間的基本規範，關注反殖、反帝、反壓迫及解決貧窮問題。經過多年以後，縱觀現實的國際政治情勢發展，在萬隆會議五十週年時，著名的埃及思想家薩米爾・阿明（Samir Amin）就提出說：「萬隆精神已經不可避免地失效了」[1]。薩米爾・阿明所說的「失效」，是針對新自由主義在國際間取得左右翼之間的協議，導致社會民主進程大受影響與遭遇挫敗而言。有意思的是，薩米爾・阿明卻認為從歷史的演變而言，目前重要的工程是對萬隆精神的繼承而不是重新發明，[2]換言之，萬隆精神的繼承是否意味第三世界之間的團結與聯盟精神的再連結，值得再探究。

　　從歷史角度而言，萬隆會議的思想遺產與精神，較聚焦在第三世界、不結盟運動、民族—民眾主義的社會體制、國際主義以及對殖民遺緒的清理等面向。可思考的是，對於「萬隆精神」以及「第三世界」認識的追溯，實具有更廣泛的認識途徑與方法。換言之，它於國際間的精神連結，萬隆會議所形成的「團結、和平和友誼」情感基礎，已轉化為後來者追溯萬隆精神與第三世界連結的重要情感記憶和思想動力，例如1950年代新加坡南洋大學時期的學生，透過評論刊物、文藝雜誌展現的社會關懷與文學實踐，透露對「第三世界」的想像與連結。[3]南洋時期的大學生，參加了萬隆會議隔年舉辦的

1　高士明：〈「後萬隆」時代的願景與方案〉，《人間思想》第六輯「萬隆・第三世界六十年」（台灣：人間思想，2017年），頁1。

2　薩米爾・阿明：〈萬隆六十年之後〉，《人間思想》第六輯「萬隆・第三世界六十年」，頁7。

3　1955年萬隆會議的隔年，國際學生聯合會（簡稱國際學聯）即在萬隆舉辦了亞非學生會議，新加坡南洋大學的學生通過馬大學生會獲得參加的資格。當時參加會議的南大生有陳蒙志、楊貴誼等人，也包括仍在南洋女中唸初中三年級，後來投入華文—馬來

萬隆學生會議，在印尼結識了世界各地的學生，後來通過南大學生會的喉舌《大學論壇》刊載有關東南亞、非洲和拉丁美洲學生運動文章，關注東南亞的落後和貧困，以及亞非拉民族獨立運動的經驗借鑑等問題。[4]南洋大學的學生受國際思潮影響，積極投入改革浪潮，是1950、60年代馬來亞反殖、反帝國主義以及爭取民族自決的時代印記。

　　然而，如何在文學上構建第三世界視野、文學感知，體現另一種的「文學萬隆精神」？陳光興的《陳映真的第三世界——50年代左翼份子的昨日今生》可作為其中的參照例子。陳光興通過討論臺灣小說家陳映真創作於80、90年代的小說，尤其是小說裡的人物主要描述了50年代入獄的地下黨員及其家屬的際遇。在陳映真小說中投注的文學世界中的第三世界眼光，折射出的是文學左翼中的反壓迫以及爭取平等的理想主義。陳光興在書中也不時以韓國小說家黃晳暎的《悠悠家園》為比較例子，指出《悠悠家園》故事結尾精確的揭示「第三世界走過殖民、冷戰、分斷、威權時代的左翼份子相通的主體精神狀態」[5]。而陳映真的《鄉村的教師》通過曾遠征南洋的臺灣青年吳錦翔，說明青年與殖民地的關係，以及被召出征至第三世界的婆羅洲的遭遇。在日本與臺灣的殖民與被殖民的關係中，在婆羅洲的臺灣兵承受著「被殖民—再殖民」的情感與心理結構的壓力，雖然那並非出自臺灣青年的自願行為。《鄉村的教師》中的「人吃人」殘酷行為的創傷回憶，赤裸裸展現戰爭時代中人面對生存臨界點的真實狀態——為了活下去，人之為人的意義只

文翻譯的陳妙華。馬來文化工作者楊貴誼在其回憶錄《膠童與辭典》一書中曾詳記當時南大生熱切和國際學生交流的心情，學生們特地召開全校聯席會議以推選出參加代表，最後決定成立十人為代表的南大學生觀察團。書中記載說：「以代表團來說，這次訪問的意義，最重要當然是參加會議，了解世界學生的生活和學習情況，促進彼此間的學術與文化交流，提高南大和南大生的知名度。」此外，在不少南洋大學時期刊物，可讀到對第三世界學生運動以及爭取獨立關懷的文章。這在1950年代的馬來亞，是一道特殊的景觀。

4　丘淑玲：《理想與現實——南洋大學學生會研究1956-1964》（新加坡：南洋理工大學中華語言文化中心、八方文化創作室，2006），頁150。

5　陳光興：《陳映真的第三世界——50年代左翼份子的昨日今生》（上海：東方出版社，2017年），頁10。

好先行丟棄。於是在戰後回歸和平的日子裡，「吃人」成為壓倒生命的最後一根稻草──青年之死成為審視殖民遺緒對人的情感與心靈侵蝕的一面鏡子。

通過陳光興的慢讀與精細分析，陳映真小說中的第三世界，不僅是一個參照的座標或背景設置，更是小說主人公乃至作家審視自身民族認同、左翼理想以及現實政治箝制等主體思考的憑藉。陳映真深信文學有其自主性、生命主體難以名狀的複雜性，不能受制於知識與理論，或服務於思想與意識形態。[6]這也是為何通過《趙南棟》中的歷史理論模型，期盼著「社會民主義的落實，是窮人翻身，民族獨立，第三世界相互提攜的團結，帝國主義的敗亡……。」[7]只不過陳光興意在抉發的，是文學如何提供連結第三世界左翼同志的力量，以及銜接臺灣被截斷的左翼歷史。第三世界成為溝通橋樑，使被壓抑的聲音重返表層，為今日提供批判性的思想與文學資源。重新審視陳映真的第三世界文學觀，除了陳光興、趙剛、王曉明等人，亦包括馬華學者莊華興。莊華興曾以第三世界視角追溯陳映真的文學觀與民族文學之間的關聯，梳理陳映真對第三世界作家的關懷，以及把馬華文學視為第三世界文學的版圖裡，探索馬華文學和臺灣文學相互影響的思想意識。[8]由此可知，以第三世界作為方法，可以找到不同華文書寫地域之間的連結，把握第三世界作家與文學處境的認知，以及拓展以文學連結第三世界的文學感知與關懷，從過去對於殖民與帝國的反抗，轉化為一個開放的華文文學公共領域的可能性。

從以上扼要的討論，無論是經由現實的國際、社會情勢，抑或文學的層面，我們可以提煉出與第三世界有關的關鍵詞──反殖、反帝、民族主義、國際團結等，皆離不開50、60年代的全球語境，特別是冷戰的思想框架。曾經歷長期殖民統治的馬來亞（馬來半島與新加坡），相較於臺灣和韓國的東亞的政治結構與文學體制，處於東南亞地帶的馬來亞／馬來西亞華文文學，又擁有怎樣的第三世界想像與認識？1955年創刊於冷戰文化體制底下的文學

6　陳光興：《陳映真的第三世界──50年代左翼份子的昨日今生》，頁24。

7　陳光興：《陳映真的第三世界──50年代左翼份子的昨日今生》，頁149。

8　莊華興：〈陳映真與馬華（民族）文學〉，陳光興、蘇淑芬編：《陳映真：思想與文學下冊》（臺北：臺灣社會研究雜誌社，2011年），頁545-556。

雜誌《蕉風》，在1957年馬來亞獨立前後雖主張貫徹馬來亞化的精神，但審視從創刊初期十年間，仍可抽繹出第三世界的文學眼光以及文學關懷。另一份文學雜誌《浪花》創刊於1965年，內容主要關懷勞動階層、反壓迫以及反思後殖民遺緒問題，同時外延至其他第三世界國家如印尼和非洲。因此可進一步叩問的是：《蕉風》如何跨越不同地域之間的連帶，揭示所謂的「第三世界」的文學感知與關懷？而在馬來亞獨立，1963年馬來西亞形成之後，代表左翼思潮的《浪花》又如何凝視第三世界，通過翻譯來傳達第三世界的聲音？本論文旨在通過1950-60年代的文學刊物《蕉風》與《浪花》，梳理在馬來亞獨立前後，無論是已擺脫殖民統治成為新興國家，抑或針對獨立後的殖民反思，比較兩份秉持不同文學觀的代表性文學雜誌對於「第三世界」所反映出的文學感覺、關懷主題與表達形式，由此揭示1950-60年代文學雜誌的共同關懷，而所謂的「第三世界」並非僅指向地域，而是一種視野，一種精神立場，甚至是一種文學感知和思考方式。

二　《蕉風》的第三世界文學感知

1950年代的馬來亞，正處於獨立前夕的騷動時刻，各種思想意識流竄，加上美蘇兩大陣營的政治意識形態的分裂，世界宛如被分成兩半。馬來亞也無可避免捲入冷戰格局，甚至成為冷戰意識形態在東南亞的衝突和張力之地。英美協商的文化冷戰模式，深刻影響馬來亞的文學文化場域。這一些文學文化場域，不僅包括有目的的翻譯計劃，成立基金會、出版社，甚至是華人新村裡的民眾圖書館，介入了馬來亞的知識生產、傳播與流通。[9]《蕉風》創刊在這樣的冷戰政治氛圍當中，導致後來學者的研究，常把出版《蕉風》的友聯出版社和「美援」、「反共」關聯起來，引發各不同學者的意見，

9　王梅香：〈當圖書成為冷戰武器：美新處譯書計劃與馬來亞文化宣傳（1951-1961）〉，《臺灣社會研究季刊》，第117期，2020年12月，頁1-46。亦可參賴美香：〈美援下馬來亞的華文出版界——以1950、60年代友聯出版社為例〉，《馬來西亞華人研究學刊》，第20期，2018年，頁119-141。

突出馬華文學中左翼與右翼文學光譜的張力。

馬華文學研究者林春美在其論著中，以「非左翼」而非「右翼」馬華文學形容《蕉風》的文學體制以及《蕉風》現代派作家的文學立場，便旨在回應《蕉風》與美援體制的爭議。她認為過去有馬華文學評論者把《蕉風》貼上「右派刊物」的標籤，以它的反共背景以及與美國新聞處密切關係來神秘化、陰謀化《蕉風》。其次，也有論者把《蕉風》視為「民國文學」在海外的基地，認為《蕉風》鼓吹現代主義的背後，貫徹著個人主義與民主的思想，把國共的戰線延長至馬來亞文壇，最後致使現實主義與現代主義的對立。[10]這樣的爭議出現，實受冷戰思維的箝制，如何超越冷戰格式的左右翼的思想框架，也成為認識《蕉風》及其問題的重要思考。

作為重要的華文文學雜誌之一，不僅是因為《蕉風》出版期數悠久，曾凝聚許多重要的文學編輯與作家，更重要是它橫跨了50年代馬來亞獨立前後、60年代馬來西亞的成立、五一三種族衝突事件、70年代的社會重組與固打制實行以及80年代尋找共同社會價值觀的歷史脈動。文學雜誌的發展，雖有其內在理路，但這些外緣因素對雜誌的文藝觀與文學思潮的把握，亦有密切關係。尤其是冷戰因素，以及被看待為第三勢力文人作家的集聚地，這些內外因素，都可藉此來審視文學雜誌與社會之間的關係。而回到文學內部，《蕉風》向來被看待為現代主義的場域，《蕉風》的現代派和《浪花》的現實派之間的論爭，也形成後世對這兩本文學雜誌認識的既定看法。因此有必要重返馬來亞的歷史與社會語境，重新掌握文學雜誌本身的文學與時代思想關懷。

馬來亞剛獨立時期，作家們不僅關懷如何通過文學來反映現實，更重視能夠表現「馬來亞人」的情感意識，需要掌握文學的心理基調，此即是「文學馬來亞化」的實踐。可理解的是，「馬來亞化」並非是指「馬來化」，一般而言，是指融合各民族文化的嶄新文化。當時亦有作家提出應效法包容漢、蒙、回、藏等的「中華民族」之稱，各民族在馬來亞可統稱為「馬來亞民

---

10 林春美：《蕉風與非左翼文學的馬華文學》〈緒言〉（臺灣：時報文化，2021年），頁20-22。

族」[11]，可知在雜誌初創期間，「馬來亞化」或「馬來亞民族」是一個比較寬闊及有較強包容的概念。這期間的文學態度、表現手法與內容，並沒有太尖銳性的現實主義或現代主義的區隔，剛獨立前後的寫作關懷大抵以建立對「地方」的認識與認同為主要方向。1967年，現代派作家梁園在〈馬華文學的重要性〉提到馬華文學獨特性未建立起來，尤其是「民族主義」和「地方主義」的問題，他認為「先把根生存在這塊土地上，掌握著地方性意識，不像無根的浮萍，隨風逐流。」[12]這也說明「文學風土」一直是馬來亞作家重要的書寫耕耘之地。

在《蕉風》初創十年期間，可讀到不少針對馬華文藝或寫作方針的座談會報導文字。這樣一種為馬華文藝尋求方向的熱切心理，映照出新興國家對文學的重視與期許。其次是有關文學的現實認識問題，不只是指向馬來亞這個地方，而是文學的針對性，仍不脫「此時此地」[13]的思考，例如李亭在〈文學的現實性〉提及文學與現實決不能分開，而現實所需要的文學，有三大目標：一為反殖民主義、二為反封建主義、三為反投機主義。[14]這樣的文學現實觀似乎成為建國前後的「文學共識」，又如另一位作家白蒂說道：「馬華文藝的特殊精神是反封建、反殖民主義的，也是反頭家主義，反資本主義的」[15]；也有作家提出不能僅反映現實，而是要進一步「批判現實」。[16]早期的《蕉風》有不少小說反映了貧窮階級的勞動者的生活，如〈一位舞女的自述〉、〈一個排字女工人的日記〉、〈膠工生活一頁〉等。這時期的《蕉風》仍未全然受現實與現代之爭框架思維的制約。

11　海燕：〈馬來亞化與馬來化〉，《蕉風》第18期，1956年7月25日，頁4。

12　梁園：〈文學的現實性〉，《蕉風》第181期，1967年11月，頁47。

13　1947、48年掀起的馬華文藝獨特性的論戰，分割出「馬華文藝」與「僑民文藝」的張力與寫作陣營，當時論爭主要參與者周容（金枝芒）提出所謂的「獨特性」，便是指文學的「此時此地」，即反映馬來亞的現實。

14　李亭：〈文學的現實性〉，《蕉風》第4期，1955年12月25日；〈此時此地的文學〉，《蕉風》第2期，1955年11月25日，頁2-3。

15　白蒂：〈漫談馬華文藝——文藝座談之一〉，《蕉風》第20期，1956年8月25日，頁4。

16　知微：〈文學與現實〉，《蕉風》第21期，1956年9月10日，頁3-4。

　　馬來亞著名的南來文人、《蕉風》的作者馬摩西[17]，在1957獨立年的一場座談會中，便曾反思「此時此地」恐造成狹隘的文學眼光，主張多引介亞非國家的文學，以消除亞非國家之間的文藝隔膜；同時更主張把馬華文學擴大至印尼與北婆羅洲，[18]展現了「第三世界」的文學視野。馬摩西在座談會的重點是：（一）要界定馬華文藝的書寫範圍，不一定僅以馬來亞為背景；（二）要發展馬華文藝的輔助工具，需要借助外來文藝思潮，在這當中他認為「歐美文藝既有人廣為介紹，而與東方文藝稍嫌有一段遙遠的距離，如果多介紹亞非國家的文藝作品，必能引起融會貫通，大同小異的親切感。[19]」馬摩西這番話，說明作家自覺文學書寫需要跨越地域空間的視野，擴大對於現實的把握，而以亞非國家的文學為參照，這當中包括了亞非國家所展現的民族自決的力量：

> 亞非國家，包括許多歷史悠久的古國在內，近百年來，他們在民族自決的崇高信念下，不斷地奮鬥，不斷地掙扎，要算是一段可歌可泣的過程，其間定有許多有價值的啟示，供我們借鑑取益和欣賞領略。[20]

在世界二戰後，許多國家脫離了不自由的重累而紛紛獨立，是時代的重大改革。在大時代大變革中，最能大露鋒芒的，莫過於創作小說。[21]馬摩西為李汝琳的散文集《艱難的行程》撰寫新書推介時，特別強調書中的中國抗戰精

17　馬摩西原名馬俊武，其他筆名尚有「興周」和「馬興周」。原來在中國國民黨統治時期擔任外交官，1949之後南下，先在新加坡中學任教，在1953年赴馬來半島新山擔任宗教局公務員。詳見賀淑芳：〈安居在馬來亞：馬摩西的旅行、搬遷與家居物語〉，《臺灣東南亞學刊》第11卷1期，2016年4月1日，頁31-70。

18　馬摩西：〈一九五七年馬華文壇的展望——文藝座談之五〉，《蕉風》第29期，1957年1月10日，頁3。

19　馬摩西：〈一九五七年馬華文壇的展望——文藝座談之五〉，《蕉風》第29期，1957年1月10日，頁3。

20　馬摩西：〈一九五七年馬華文壇的展望——文藝座談之五〉，《蕉風》第29期，1957年1月10日，頁3。

21　〈文藝座談之六——論小說創作問題〉，《蕉風》第31期，1957年2月10日，頁5。

神以及印度爭取獨立的精神，尤其提及印度詩人泰戈爾的詩作，激發了印度人的愛國心和自由心；詩人的詩歌具有排山倒海的力量，最終如李汝琳所說：「弱小民族終會翻身」。[22]

馬摩西是早期《蕉風》的活躍作者，不僅著力於散文、小說、書評，最為特殊的是，馬摩西在獨立前後的《蕉風》翻譯了不少埃及小說。埃及是非洲北部的阿拉伯國家，英國人曾透過穆罕默德·阿里王朝統治埃及。馬摩西是通曉埃及文和中文的伊斯蘭教徒，這樣特殊的身分與語言背景，使它的譯筆成為跨域文學以及內蘊著第三世界的關懷。另外一個因素，則是與馬摩西的留學背景有關。中國在1930年代期間曾出現留埃學生團，馬摩西是在1934年第三屆由雲南明德中學遣送至埃及的學生，從埃及愛資哈爾大學取得學士資格。[23]

馬摩西曾翻譯埃及莎菲格博士的歷史小說《蘇丹娜》[24]。「蘇丹娜」是埃及語蘇丹后的意思。《蘇丹娜》敘述十字軍東征前後的埃及回教史事，本屬於掌故，後來以現代筆法寫成新小說。這篇小說原來用法文寫，由埃及小說家翻譯成阿拉伯文，再由馬摩西翻譯成中文。《蘇丹娜》講述一名本受階級壓迫的女性奴隸沙楂杜，如何在眾權力角逐中，一步一步地登上蘇丹皇后的寶殿。階級、權力和女性構成了故事的核心，這當中也包括如何和歐洲軍隊交鋒的過程。

馬摩西也翻譯了不少有關現代都會的愛情小說，如〈魔鬼的微笑〉、〈幸福的日子〉，或由一位少女牽引出生父和養父之間在法庭上對峙故事的〈坦白與受罪〉。這些小說的主人公有青年教師、照顧在戰爭中受傷的醫護人員等。這些故事對人的道德有較高的要求，包括對愛情的忠誠或強調犯錯勇於坦白等的人格特質。在〈心的覺醒〉短篇小說中，述說一則少女堅守自身的情感，反對父親安排的婚約，愛上醫院的傷患病人的愛情故事。可是字裡行

---

22 馬摩西：〈李汝琳《艱難的行程》評介〉，《蕉風》第21期，1956年9月10日，頁22。

23 詳見賀淑芳：〈安居在馬來亞：馬摩西的旅行、搬遷與家居物語〉，《臺灣東南亞學刊》第11卷1期，2016年4月1日，頁35。

24 馬摩西：〈蘇丹娜〉（上），《蕉風》第25期，1956年11月10日，頁13-17。

間卻突出戰爭的殘忍與人的道義，同時彰顯對愛情爭取自由的權利，以及敢於表達反對父親的權威意見的現代女性思維與行動。[25]除了馬摩西以外，另由呂卓翻譯的印尼阿馬魯拉作家的作品〈賣雪糕的孩子〉[26]，亦展現小說中女性在家庭生活中追求獨立的思想，只是最後家庭婚姻的破裂卻致使小孩必須以賣雪糕來養活自己，寫出從幸福家庭驟變為貧困家庭的悲歌。

　　從以上早期小說的譯介，無論是歷史故事、現代愛情故事或突出人道主義或女性自主意識的埃及與印尼小說，故事背後人性的解放與自主、尊嚴的追求，固然反映出譯者的自覺選擇，這亦與《蕉風》初創期間對馬來亞社會底層的普遍現實關懷亦緊密相關，同時亦無法脫離整個大時代的關懷。譯者是文化轉譯的行動者，通過文學翻譯，打開了通往亞非與印尼等國家的文學渠道。

三　《浪花》的第三世界反殖聲音

　　1965年5月25日在吉隆坡創刊的《浪花》是一份秉持左翼文學觀的文學雜誌，共出版23期，於1967年12月停刊。《浪花》推崇新現實主義文學，不少文章激烈批判了馬華現代主義文學。[27]有意思的是，《浪花》明確定位為「青年讀物」，認為青年是社會改革的重要力量。有學者認為《浪花》在創刊不久後，正是中國發生文化大革命時期，《浪花》也受到文革文學思潮的影響。[28]縱然如此，研究指出，在文革思潮撞擊馬來西亞前，「《浪花》已經

25　馬摩西譯、穆安奈斯著：〈心的覺醒〉，《蕉風》第34期，1957年3月25日，頁11-14、頁22。

26　呂卓譯、印尼阿馬魯拉著：〈賣雪糕的孩子〉《蕉風》第26期，1956年11月25日，頁10-12。

27　例如署名奇思的作者的文章——〈對現代主義的一些謬論〉以及〈當前馬華文藝的鬥爭〉，嚴厲批判《蕉風》、《教與學月刊》以及《文新月刊》，並認為這幾份文學文化雜誌是現代派文人的地盤，對現實主義文學懷有惡意。

28　吳小保：〈文革思潮下的《浪花》：論馬華左翼文學主體的開展與變化〉，《臺灣東南亞學刊》第15卷第2期，2020年10月，頁63。

非常清楚自身的定位：接手馬新新左派文化統戰工作，進行反帝、反殖、反資抗爭。爭取一個以低下階層為基礎的跨族群聯盟。」[29]

《浪花》鮮明的左翼思想文學位置，對於世界殖民主義的壓迫以及人民反壓迫的抵抗文學亦特別關注。在23期出版當中，有不少譯介的主題內容揭示了殖民主義者如何剝奪人民的基本人權、搶奪殖民地的資源以及侵略女性的身體等，尤其聚焦在非洲人民的鬥爭與苦難。非洲曾在歐洲殖民底下長達七、八十年，殖民遺緒最直接影響的不僅是疆界與行政體系，還包括疆界劃分帶來的族群與國家之間的衝突。在19世紀末，歐洲列強把非洲視為利益爭奪地，對非洲領土討價還價，出現「非洲瓜分」（scramble Africa）的局面。例如剛果屬於法屬殖民地，安哥拉屬於葡萄牙殖民地，索馬里蘭則被英國、法國和義大利三國瓜分，非洲成為權力與資源的掠奪之地。

《浪花》第5期刊登了署名白浪的作者，翻譯馬來詩人東革‧華蘭（Tongkat Warant）〈剛果〉[30]：

> 黑孩子在他們母親掌上起舞，
> 那是他們親愛的土地。
>
> 他們經已開始驅逐白皮人，
> 那些蹂躪踐踏他們土地的「聖人」，
> 已今革命戰爭已在這土地上燃起。
>
> 他們經把幼苗，
> （打從折磨痛苦的怨恨中）
> 種在白臉女甜蜜的軀體中。

---

29 吳小保：〈文革思潮下的《浪花》：論馬華左翼文學主體的開展與變化〉，《臺灣東南亞學刊》，頁72。

30 白浪譯：〈剛果〉，《浪花》第5期，1966年4月10日，頁12。

他們的孩子在創造天堂，
在他們親愛的土地上。

世界驚異的看到，黑色的非洲呵！
被壓迫的歷史，你已經像夜晚巨人
般起來，
燃起永不熄滅的生命之火。

在力量的翅膀下出現了剛果，
（人民的力量是永遠阻礙不了）
「高貴」的白皮人終將輕易被打垮。

那麼人民在世界上支配的一切，
土地上的一切也全屬於他們的！

東革・華蘭是馬來文學家烏斯曼・阿旺（Usman Awang）的筆名。烏斯曼・阿旺的詩常能跨越族群的藩籬，以人道主義為人所稱頌。在〈剛果〉詩中，他歌頌剛果人民對於殖民壓迫的覺醒，展現「黑色非洲」的力量。詩中的「白皮人」指的是殖民者，在壓迫與反壓迫當中行使慣有的「種色階層」支配結構。另如同非洲安哥拉阿・聶圖〈離別時的話語〉詩中向母親傾訴羞愧的孩子，同樣把黑人、白人置於鮮明的對比，意味著殖民者與被殖民者之間不平等的階級地位：「我們／傭傭在咖啡地裡勞苦一生／無知的黑人／要尊重白人／禮敬富人／／我們是土人裡的孩子／在那裡從來沒有電火／人們酗酒而死／在喪禮的咚咚（口旁）鼓聲中被人遺忘／你的孩子／挨餓／忍喝／羞於稱你做母親／不敢越過馬路／不敢面對人們。」[31]法農曾指出當代黑人

---

31 菲德爾譯，（非洲安哥拉）阿・聶圖著：〈離別的話語〉，《浪花》第19期，1967年7月10日，頁3。

努力的源頭，那就是要不惜代價向白人世界證明黑人文明的存在。[32]這固受殖民遺緒的影響，但他也提醒黑人不要成為自己原型的奴隸。被殖民者衍生的自我羞愧的心理，形成了黑人的自卑心理，在強權的壓迫底下因無力反抗而造成了創傷。〈離別時的話語〉中的孩子就是典型的殖民創傷影響下的自卑形象。

另一首由山鷹翻譯南非作家卡隆岡諾的〈一個黑人母親的夢──獻給我的母親〉[33]，則以魔幻的奇想，訴說著黑人的母親和她的兒子的故事：

> 黑人母親
> 搖著她的兒子
> 在她黑色的頭上
> 覆蓋著奇異的夢
>
> 黑人母親
> 搖著她的兒子
> 忘記了
> 地上的玉米已晒乾
> 昨天已收成了花生
>
> 她夢幻著奇異的世界
> 她的兒子要上學去
> 要去人們學習的地方
>
> 黑人母親
> 搖著她的兒子

---

32 陳瑞樺譯，法農著：《黑皮膚，白面具》（臺北：心靈工坊文化，2005年），頁93。

33 山鷹譯、卡隆岡諾著：〈一個黑人母親的夢──獻給我的母親〉，《浪花》第15期，1967年3月10日，頁20。

忘記了
她的弟兄們已用血建設城市

她夢幻著奇異的世界
她的兒子要在街上跑
跑在人們行走的地方

黑人母親
搖著她的兒子
傾聽著
由風送來
遙遠的聲音

她夢幻著奇異的世界
奇異的世界
在那裡
她的兒子可以生活

「夢」是現實的投射，也可以是寄託著詩人的想望。母親奇異的夢的世界，
透露著擺脫對某種生活形態的想像。譯者在這首詩末還特別編按說明：「南
非是個屬行種族隔離政策的國家，在這裡黑人備受各種形式的種族壓迫，在
這首詩裡一個黑人母親憧憬著未來的自由平等生活，對沒有人壓迫人社會的
必然來臨充滿了無限的信心。」[34]無論是屬於非洲境外的視角的〈剛果〉，
或是〈一個黑人母親的夢──獻給我的母親〉源於非洲的內部視角，這當中
反殖與追求自由的理想，縱然可能採取戰爭革命的方式，亦是為反轉戰爭僅

---

34 山鷹譯、卡隆岡諾著：〈一個黑人母親的夢──獻給我的母親〉，《浪花》第15期，1967
 年3月10日，頁20。

成為壓迫的工具的可能。一如Ali Murni在〈非洲詩人為人民的爭鬥而歌唱〉中說道：「詩人的聲音也是歷史的『文件』」[35]。這樣的文學自覺，自察於詩人非僅是個體，而是把自身的命運和廣大人民緊密聯繫，共同重建自由與自主的國家與民族。無論是生活遭遇、感受或苦難，甚至是榮譽與自尊的覺悟，通過詩的歌唱流傳至未來。

不僅是詩，雅慕翻譯阿爾及利亞作家奧斯曼薩迪〈雪與貞操〉[36]，更具體描繪出女性身體面對殖民侵犯的巨大恐懼，透露殖民下女性身體與暴力、死亡的連結。小說中的愛莎原來是備受家庭呵護的女生，但隨著法國人的肆虐，哥哥參加解放軍行列，個人對抗意識逐漸覺醒。小說家有意通過愛莎傳達女性因法國人的侵犯失去「貞操」的恐懼，對該地方傳統來說，男生可以因為女性失去貞操而退婚。

> 殖民地主義者是從來不尊重生命的價值的，他們把貞操、尊嚴以及生命的一切崇高的價值都踐踏在我們粗大的皮靴之下。一個女人的貞操，對於我們民族的女姓乃是唯一可使她們步上人生大道的資本。我們的社會與風俗傳統賦予青年一種權利，使他們能將新娘送回娘家，如果在新婚之夜發現她已非處女的話。[37]

在一次外出遊玩遇到法國人的直昇機，愛莎為了躲避，在逃跑的過程中雙腳受傷，意味最後保住了貞操卻失去了雙腳，過著癱瘓的人生。可是實際上，小說中通過的直昇機，鋪敘了人們心理的陰影和緊張，小說敘述過程中並沒有真正出現法國人，但在愛莎的意識、心靈與身體三者，空中的「直升機」已然是「殖民男子」的意象，足以吞噬女性的人生。愛莎在逃跑尋找躲藏處時仍然控訴殖民者的無情與殘酷：

---

35 著史群譯，Ali Murni著：〈非洲詩人為人民的鬥爭而歌唱〉，《浪花》第17期，1967年5月10日，頁8。

36 雅慕譯、奧斯曼曼薩迪：〈雪與貞操〉，《浪花》第17期，1967年5月10日，頁20-22。

37 雅慕譯、奧斯曼曼薩迪：〈雪與貞操〉，《浪花》第17期，1967年5月10日，頁21。

> 法國人在進行這種罪惡方面是不落人後的，他們已慣於屠殺手無寸鐵
> 的人，不但殺害男人，也殺女人……。[38]

相較於《蕉風》，《浪花》的第三世界的文學感知和文學感覺更為強烈。非洲
詩人和小說家的作品，勾勒出殖民者與被殖民者、文明與落後以及殖民創傷
所帶來的各種情緒等，提供我們審視殖民底下人的心靈與情感狀態以及當代
的反思。

四　結語

　　一直以來，第三世界文學背後折射出的是一套國際秩序、民族或民眾自
覺運動等，匯聚了不同地域的覺醒力量，固然有其歷史根源。但文學作為特
殊的文體表達形式，始終關注人的終極命運，作為一個人的自決主體的存在
意義，第三世界文學感知更為彰顯人文與人道的關懷向度。《蕉風》與《浪
花》擁有不同文學觀的文學雜誌，在後來的文學發展中，成為現實主義和現
代主義論爭的文學場域。兩份雜誌在初創期間，仍受到冷戰格局與外來思潮
的衝擊，而在逐步尋找各自的文學定位、理念以及文學表現手法的過程中，
所謂的「馬來亞化」已逐漸消解馬華文藝獨特性論爭時期的「馬華文藝」和
「僑民文藝」的張力。為尋求更多外來文學思潮過程中，因特定作者的視野
與語文能力，使歐美的文學不成為唯一的文學參照系。馬摩西與呂卓翻譯的
小說，聯繫著戰爭、貧困、女性對強大支配權的反抗意識，其內在的思維也
蘊藏著第三世界的文學感知。

　　至於《浪花》雜誌，對非洲文學（詩、小說和論述）的譯介，直接明瞭
批判了歐洲帝國主義與侵略，強權侵入與瓜分非洲國土，使非洲人民成為白
人的奴隸，無法享有自由與自主的非洲民族。非洲詩人自覺地把文學視為歷
史的文本，藉此抒發痛苦，控訴女性身體淪為殖民者的工具，帶出了更響亮
的反壓迫聲音。《浪花》譯介的的非洲文學文本，以「人民」作為發聲的圖

---

38 雅慕譯、奧斯曼薩迪：〈雪與貞操〉，《浪花》第17期，1967年5月10日，頁22。

像，詩歌中抒發被壓迫者的痛苦與抗議。詩裡的情感意識，無論是對於個人的、鄉土的，都具有超越時空的意義。只是它是否能在當下把壓迫與解放轉化、重構為一種整體的人文與人道意識？一如韓國思想家白樂晴曾就「第三世界主義」提出其說法：「以民眾的立場為根據的第三世界論就本質而言雖然是將世界視為一個整體，但也賦予後開發國家與被壓迫民族的解放運動和民族主義的自我主張絕對的價值。但同時也認為各國家民族的獨立和自主並不是最終目標，而是全世界民眾合為一個整體的一個過程，這最明顯不過的了。」[39] 在後殖民語境下，「全世界民眾合為一個整體」需要內具價值意識，否則無論是世界一分為二，或二合為一，都將不斷受到外在的拉力所影響，缺乏內在自覺的思想建構。

　　如前所述，《蕉風》和《浪花》的文學傾向旗幟鮮明，向來被置於在現代主義和現實主義糾葛脈絡，在1950至1960年代期間二者形成不少的論爭，各為陣地、各有主張。兩份文學雜誌對於第三世界的想像與文學表達形式也不一樣，但卻同樣關注人道問題，如何在公平與平等的社會環境條件底下，擁有反壓迫反支配自由靈魂的可能。通過對第三世界文學感知與翻譯為文化轉譯的努力，以第三世界作為一種方法，超越簡單的二元對立，可看見在張力之中仍有互參的地方，使文學雜誌的文學實踐詮釋更豐富多元。其次，有關第三世界文學的討論，向來以中國、臺灣或韓國的文學討論為主，馬華文學如何提供世界華文文學參照，尤其以「殖民」反思和「翻譯」為中介，以人文人道為終極關懷，在多元複雜的族群與國家處境，拆射出更複雜的歷史與文學語境。由此可知，有關「第三世界」並非受限於地域，它可以是一種視野、精神立場，或是一種感受和思考方式[40]，亦可藉此抉發文學的時代關懷。而翻譯，成為跨越國境與語言邊界，連結第三世界文學的有力媒介。此外，重溯過去的第三世界文學感知與感覺方式，亦為當代第三世界文學感知和文學感覺提供文學與歷史的思考入口。

39　白永瑞：〈陳映真思想中民族主義與第三世界的重疊〉，陳光興、蘇淑芬編：《陳映真：思想與文學　下冊》，頁562。

40　王曉明：〈《陳映真的第三世界》讀後〉，陳光興：《陳映真的第三世界》，頁213。

參考文獻

一 論著

丘淑玲：《理想與現實——南洋大學學生會研究（1956-1964）》，新加坡：南洋理工大學中華語言文化中心、八方文化創作室，2006年。

林春美：《蕉風與非左翼文學的馬華文學》，臺灣：時報文化，2021年。

陳瑞樺譯，法農著：《黑皮膚，白面具》，臺北：心靈工坊文化，2005年。

陳光興：《陳映真的第三世界——50年代左翼份子的昨日今生》，上海：東方出版社，2017年。

陳光興、蘇淑芬編：《陳映真：思想與文學 下冊》，臺北：臺灣社會研究雜誌社，2011年。

二 期刊論文

王梅香：〈當圖書成為冷戰武器：美新處譯書計劃與馬來亞文化宣傳（1951-1961）〉，《台灣社會研究季刊》，第117期，2020年12月，頁1-46。

吳小保，〈文革思潮下的《浪花》：論馬華左翼文學主體的開展與變化〉，《臺灣東南亞學刊》第15卷第2期，2020年10月，頁63。

高士明：〈「後萬隆」時代的願景與方案〉，《人間思想》第六輯「萬隆・第三世界六十年」，臺灣：人間思想，2017年，頁1。

賀淑芳：〈安居在馬來亞：馬摩西的旅行、搬遷與家居物語〉，《臺灣東南亞學刊》第11卷1期，2016年4月1日，頁35。

賴美香：〈美援下馬來亞的華文出版界——以1950、60年代友聯出版社為例〉，《馬來西亞華人研究學刊》，第20期，2018年，頁119-141。

薩米爾・阿明：〈萬隆六十年之後〉，《人間思想》第六輯「萬隆・第三世界六十年」，頁7。

三　文學雜誌

梁　園：〈文學的現實性〉,《蕉風》第181期,1967年11月,頁47。

李　亭：〈文學的現實性〉,《蕉風》第4期,1955年12月25日;〈此時此地的
　　　　文學〉,《蕉風》第2期,1955年11月25日,頁2-3。

〈漫談馬華文藝──文藝座談之一〉,《蕉風》第20期,1956年8月25日。

知　微:〈文學與現實〉,《蕉風》第21期,1956年9月10日,頁3-4。

馬摩西:〈一九五七年馬華文壇的展望──文藝座談之五〉,《蕉風》第29
　　　　期,1957年1月10日,頁3。

〈文藝座談之六──論小說創作問題〉,《蕉風》第31期,1957年2月10日,
　　　　頁5。

馬摩西:〈蘇丹娜〉（上）,《蕉風》第25期,1956年11月10日,頁13-17。

馬摩西譯、穆安奈斯著:〈心的覺醒〉,《蕉風》第34期,1957年3月25日,頁
　　　　11-14、頁22。

呂　卓譯、印尼阿馬魯拉著:〈賣雪糕的孩子〉《蕉風》第26期,1956年11月
　　　　25日,頁10-12。

白　浪譯:〈剛果〉,《浪花》第5期,1966年4月10日,頁12。

山　鷹譯、卡隆岡諾著:〈一個黑人母親的夢──獻給我的母親〉,《浪花》
　　　　第15期,1967年3月10日,頁20。

著史群譯,Ali Murni著:〈非洲詩人為人民的鬥爭而歌唱〉,《浪花》第17
　　　　期,1967年5月10日,頁8。

雅　慕譯、奧斯曼薩迪:〈雪與貞操〉,《浪花》第17期,1967年5月10日,頁
　　　　20-22。

越南河內市粵東會館歷史與
孫中山來往談論

范文俊[*]

摘　要

　　河內老街有很多名勝古蹟，其中也有很多越南人與華人建立的廟宇。河內有很長的歷史，華人來往生意與僑居，廟宇成為越南人與華人的歷史、文化、信仰。河內有很多地方奉祀有關中越信仰，例如：關帝、保生大帝、玄天大帝、神農等等。粵東會館、關帝廟、福建會館等廟宇，至今對越南當代歷史文化都有很大的意義。粵東會館歷史與河內幾百年發展的過程，成為河內小小部分的文化、歷史。粵東會館也是孫中山先生來往的地址。孫中山二十世紀初，來越南，特別在河內粵東會館留住與活動。本文，根據河內書籍，有關華人名勝古蹟與粵東會館有關，其中特別利用粵東會館的資料，碑文等論述到粵東會館歷史與華人歷史關係。本文從資料方面，談論到孫中山來廣東會館的活動。河內老街有關歷史的過去，現在重建、重修，成為越南河內當代文化的遺產，因此本文也介紹粵東會館的當代文化的價值。

關鍵詞：河內老街、粵東會館、孫中山、關帝、22 Hang Buom

---

* 　越南社會科學翰林院漢喃研究院正研究員。

一　河內華人簡介

　　河內市是越南的首都，也是越南北方的中心。十世紀以後，河內市升龍城，是越南當時國家的京城。經過幾百年間，升龍與國內國外關係的發展。十六世紀以後，升龍京城成為華人來生意。特別明清階段，中國動盪，吸引華人來越南特別多。從十七世紀下半葉，越南北方與越南南方分開世局，常常有戰爭發生。升龍京城是黎朝、陳朝、李朝等的首都，也是越南北方經濟文化中心。從越南北方各地都集合到升龍京城生意。興安省獻庸市是十七世紀繁榮的地方。獻庸居民與中國明清人來很多，還有荷蘭東印公司也來。興安省成為國外到升龍京城的中轉，也是升龍經濟方面的外護。十九世紀以後，越南京城轉到越南中部的順化市，因此，北方經濟文化越來越衰落。但，河內慢慢發展，經濟文化、宗教都對越南北方有很大的影響。

　　河內至今經過一千多年，現在河內還保存以前的歷史文化，還特別與世界上各國家的發展息息相關。越南歷史上的書籍針對河內的描述得很清楚。至今，關於河內的文化史，還有很多越南與國外有關的論述。河內，特別是老街，是以前有關華人生意的中心，也是中越文化人民共同生活，發展經濟的地方。

　　從十七世紀以後，升龍還是越南黎朝的京城。升龍是華人來往的地方。華人來升龍大部分都在紅河旁邊做生意，紅河旁邊是升龍城的東北方。這地方也是幾百年前，華人來升龍京城的地點。十七、十八世紀，越南北方的經濟很發展，國家穩定，有時有戰爭，但卻是很小的事。越南北方與越南南方（十六世紀以後順化以南是南河）分權兩邊，北方鄭主與南方阮主常常有戰爭[1]。

1　十六世紀以後，順化以南，在越南與國外書籍記載，是阮朝管理的地方，是南河。

圖一　粵東會館門外幼稚園小學生

　　十九世紀，阮朝遷都順化，河內只是一個古城，因此經濟文化有很多變動。河內隨著時間，除了越南人，還必須有居住在這裡的外國人，包括華人的重大貢獻。從中國的許多地區，由於不同的原因，戰爭、避難與移民，華人很早就進入越南並定居在河內。華人可以自由居住在老街並創建了一條新街道，例如福建街（懶翁街）等。阮朝《大南一通志》一書中，河內有二十一條街道，其中三條是中國人居住的街道。《大南一通志》描述：「市庸：河口庸在壽昌縣地，商戶清人間處，列賣書籍北（寶樂林一戶、行帆下同）。粵東庸明鄉客戶舊處，新居殖貨居奇之所」等。[2]

　　《大南一統志》內容明顯是華人在河內市的老街生活。根據河內市老街幾個路線名勝古蹟的碑文，可以看到華人與越南人共生，建立經濟、文化，其中特別是信仰。隨著時間的推移，華人克服了客人身分的愧疚，與越南人一起建立了越南的經濟、文化。中國人為自己創造了一個充滿中國文化的獨特面貌，與越南人一起創造了一個河內老街閃閃發光、多姿多彩的美麗。

2　大南一統志，河內省，嗣德版本，越南漢喃研究院保存資料。

　　十九世紀下半葉，法國慢慢占領越南，成為殖民時期。當時河內華人已是一個穩定的社區。河內開始有唐人街，行帆街屬於河口區。行帆街是黎朝的三十六區之一。這裡的居民靠近紅河碼頭和升龍京城蘇歷江小接口，所以他們大多從事與河流有關的職業。行帆街上的人們經常從山南下的興安獻庸買買東西。在興安省獻庸唐街也是跟國外聯絡，交換、買賣的織品、袋子、金銀、籃子和墊子等。從黎朝，升龍京城東邊河口坊已經成為華人被允許住的地方。中越人在河口坊碼頭築堤，建蓋房子，慢慢成為路線。

　　此後，河內老街的華僑越來越擁擠，主要是廣東人，福建人。他們成為商人，與華南地區等地的華人有聯繫，因此迅速致富。十九世紀初，廣東人、福建人都有建立會館。會館代表了具有重要經濟作用的外籍人士社區的集中和繁榮。會館，廣東人是粵東會館；福建人是福建會館。還有其他的商議中心。

　　懶翁街（又稱福建街）是還劍湖老街的線路。十九世紀初，福建地區的華人大量買地、蓋房、建會館。此後，福建人轉行經營北方藥材，引起生意興隆。

圖二　粵東會館奉祀中心

　　到二十世紀初，河內老街還保存華人濃厚的文化。每月過的節日，都有活動，例如上元節、中元節、冬至節等，全部老街路線都有燒冥衣、崇拜神靈。老街也賣書籍，特別是民間信仰書籍、道教書籍、善書書籍等。至今各種書籍還保留地址等明確河內老街中越文化交流。福建人普遍以中藥、乾糧、糖果和食品飲料為主；廣東人賣雜貨；潮州人買賣糧食和糖業。廣東人住得最多的一條街，他們開店賣烤肉（豬肉、鵝肉、烤雞、香腸、肉乾等）、粉絲、海魚、豆醬。這裡生活的華人，始終保持著自己的風土人情，還有華人跟越南人本土混在一起。中國女人不嫁越南男人，中國男人可以娶越南老婆，如果有孩子，孩子就是中國人。但，很多華人，慢慢成為越南人、越南姓，以後也忘記祖先的歷史。有時，華人把小孩送回到中國。但是以後建立學校，從此，中越孩子，都可以到學校學習，中越文化逐漸互相交融。

　　總的來說，華人到升龍京城後，就與本地人民一起共生，他們參與社會共同的工作，如修路、建醫院、建學校等等。因此，文化交融、信仰相近，促進中越人民共同的和諧，成為發展經濟、文化、也是社會穩定的基礎。至今，經過幾百年，河內老街還保存很多名勝古蹟，其中還留下碑文、書籍等。越南與中國人在當地合力捐錢建立廟宇、刊刻書籍、刊刻碑文等等。玄天廟、粵東會館、福建會館、關帝廟等的建立，都是中越兩國人民歷史上的印跡。

圖三　粵東會館重修後的小博物館

圖四　粵東會館奉祀關公堂

　　華人的信仰和宗教形式集中在廟宇，或者是會館，或者是祠堂。河內老街，也有很多名勝古蹟，其中特別是廣東人和福建人的會館。兩座會館中，廣東人粵東會館建立得最早，時為嘉隆初年（1803）。廣東人粵東會館、福建人福建會館與其他名勝古蹟都有奉祀華人信仰，也有越南人信仰。華人信仰奉祀關公大帝、真武大帝、天后娘娘、保生大帝、財神、土地神、彌勒佛等等。

　　華人除了崇拜關公，也非常重視崇拜媽祖，尤其是福建人。廟宇常常有奉祀關公。佛寺也有奉祀關公。道教廟宇也有奉祀關公。除了關公，會館奉祀的天后。粵東會館在中間的奉祀關公，但福建會館中間奉祀天后。可以看到每個會館都有特色的信仰。會館、廟宇還有靈籤，讓人民可以來奉祀後，請求神靈保護等。經過每年的節氣，也有華越人民的信仰。華越人民信仰互動影響，成為越南文化越來越豐富。

圖五　粵東會館橫匾

二　河內粵東會館歷史

　　從十八世紀，華人在河內已經有很長的歷史。河內的歷史，當然包括了一部分有關華人來往的歷史。根據資料研究，可以看到每個時代，河內都有華人的印跡。十八世紀末，華人來河內做生意，建立老街地區，至今還可見劍湖附近的老街區。目前還有特別多十九世紀初的河內華人名勝古蹟。名勝古蹟仍保留華人的文獻。因此，可以看到從對聯、橫匾，書籍，特別是碑文。從碑文來看可以知道河內當時的華人的經濟、文化，特別知道華人幫會會館的規模。從規模與經濟的發展情況，可知當時華人的文化。

　　粵東會館是廣東人建立的會館。粵東會館管理幫會的經濟、文化方面。從會館文獻，特別是碑文可知當時中越政治的情況。會館是幫會的重要單位，還與各地的會館、幫會聯結。粵東會館的規模很大，對越南北方華人的影響很深。到二十世紀初，河內廣東幫會有幾百商人。因此，粵東會館，從建立以後，其經濟發展，對越南北方經濟、文化都有很大的影響。

　　嘉隆二年（1803）設立粵東會館。這年代也是建立粵東會館的年代。根據碑文、書籍所載，從明清戰爭時代，來越南的華人特別多，其中大多至河內發展經濟、文化與宗教。到十九世紀初，粵東人建立粵東會館，是幫會開會中心，也是華人後裔有學校學習的地方。阮朝明命年間、紹治年間，粵東

會館繼續修改，重建後越來越廣大。每次重建、修改，廣東會館都有碑文記載有關的內容，其中特別是記載華人、越南人一起捐錢重建、重修會館。

　　經過兩百年左右，到二十世紀下半葉，粵東會館的學校，成為越南當時的幼稚園。幼稚園是越南河內的小朋友來學習的場所。經過四十多年，從2020年，河內政府將幼稚園轉移到還劍湖文化中心，而粵東會館則是重新修改其空間。至今，粵東會館有面積1802平方米，包括：左右走廊兩側的走道、天光井、前院、方亭和后宮。空間重新，面積很大，越南文化管理部分同意把粵東會館成為河內文化中心。河內文化中心有展覽藝術、演講學術等等。重修後，還保留以前的空間，建築、雕刻，特別是後堂奉祀。粵東會館後堂中間奉祀關帝與周倉、關平，兩邊奉祀財神與岑公。還有其他的房間則是奉祀天后娘娘。粵東會館，至今是1920年重修後的風格。建築充滿了法國、中國與越南綜合的建築、美術風格。

圖六　粵東會館裡的兩塊碑文

　　粵東會館的前門設在行帆街。行帆街是河內三十六街買賣產品的街路名稱。好像以前，這路線從事買賣船帆，因此而得名。還有，粵東會館後面是阮超街。阮超街是近代越南河內政府依十九世紀阮朝的一位河內的名人而命名的。但在幾十年前，阮超街還是一個小條河，這條河從升龍京城流到紅河，有的名是：洱河。洱河流到紅河，接口是河口。因此，以前在這地方是河口坊。河口坊包括大部分華人來河內生活。至今，洱河條河在路地下，阮超街蓋的上面。粵東會館在老街中心，現在也是一個現代文化藝術的中心。

　　十八世紀下半葉，黎朝末年，廣東人來河內特別多，經過幾十年來往、僑居，到1803年就建立粵東會館。從此粵東會館成為廣東人來往，特別是商人在河內僑居，或者從國外來河內買賣之地。現在，粵東會館好保留十塊碑文，其中論述到粵東會館的歷史。

順序	碑文	內容	年代
1	粵東會館碑記	建立粵東會館內容	1803
2	鼎建會館簽題錄	捐錢名字	1803
3	重修會館碑記	重修原因、奉祀神靈與捐錢人	1820
4	重修捐報錄	重修內容	1820
5	重修簽題錄	捐錢名字	1820
6	重修會館後座碑記	重修會館原因與奉祀神靈的記錄	1844
7	重修後座簽題錄	捐錢名字	1844
8	重建粵東會館碑記	原因重修與捐錢人	1925
9	重建粵東會館碑記	捐錢人	1925
10	重建粵東會館碑記	捐錢人	1925
11	重建粵東會館碑記	捐錢人	1925

　　以上是粵東會館現在保留的十一塊碑文。碑文都在牆上。每塊碑文，只有一面的文字。額上寫碑文名字，以下是碑文內容。從十多塊碑文，可知粵東會館的歷史文化、經濟文化與宗教信仰的文化。華人到越南後，也帶來華

人的信仰，其中是關公、天后、保生大帝等。神靈都是保護人生的生活，也是保護海上航海商人的安全。經過兩百年間，有的碑文已經不能保留完全的文字，但從二十幾世紀初，在河內的法國遠東博古院已有印拓本。因此，除了現在可看碑文得內容，也可以依靠一百年左右的拓本。

以下，是1803年粵東會館碑文記載內容：

粵東會館碑記（1803）

鼎建粵東會館碑記

蓋自王政有柔遠之經，旅之出途，賈之藏市，熙熙穰穰，適樂國者，皆以赴聖王仁商之政也。第在上既有迎送之恩，在下豈無聯合之好？況梯山航海，藉庇神明，越國過都，情深鄉里，則酬恩敦誼而館設焉。玉帛衣冠之盛，枌榆桑梓之情，於斯會矣。郡而鴻者無論也，即塵而小者未嘗闕是館焉。今夫昇龍，南邦之都會也，亦東省之寶藏也。我客有歷世以居，有新到以處，舟車之輳集，貨殖之居奇，近古以來，於今為盛。問其酬神恩敦鄉誼，未有尺尺之階，每於歲時祭祀，公私讌會，嘗集湫隘之家，無以尊瞻視也。館之設向欲舉行而未果。歲己未（1799）之秋，庸老何昌輝、張成利、李藤合、何天盛、陸世昌、周仲廣、陳登輝與紹建議，遂通詳闔庸，僉曰：「善哉！此舉不特酬曩者欲為之誌，抑且啟都人憑藉之天。」於是訂簿沿簽，樂解腰纏，雲集響應，爰謀卜地，將成而復改者幾也。然且人人協力，決志圖成。迨庚申（1800）孟夏之月，購得庸土貳間，瓦屋凡五座，周圍翼以磚墙，坐落南中香牌之界，前闊貳拾壹尺（註：河口坊南中甲地分），後闊貳拾捌尺（註：東河坊香〔□〕甲地分），前後相接，眺而覽之，帶以蘇江，襟以左望，聯濃山之秀氣，挹珥水之清流，真勝概也。即於是月鳩工，因基而理，仇其門，廣其階，既塗既墍，丹艧有光，厥觀煥然矣。乃並列聖神，位而新之，采裝金碧，喬喬皇皇，迎神之日，若近若遠，絡繹欣瞻，咸以為曠古之所未有。是日也，滿天紅日，暑氣尖蒸，倏見一片祥雲，輪囷如蓋，浮於其上，隨

處生涼，莫非神赫厥靈歟？既而屋歆，有嚴有翼，鳴鑼擂鼓，音響以鏘，烈炬焚〔□〕，馨香以達一都，赫矣之容，自今始矣。此舉計屋金及工費等需，不下青錢柒千餘貫，閱月而竣，顧以經營伊始，續造維艱，雖非壯麗規模，亦足以歌孔，固從此神安矣。而福攸〔□〕久聚矣，而情如一恩崇矣，而禮是修誼篤矣，而俗乃厚奇居矣，而例有常辟合矣。而樂其利誠以上昭聖朝柔遠之仁，下不負諸人喜題之舉，因紀其建造之由，以鐫諸石。〔所有事宜刻於碑後〕

時

嘉隆二年（1803）歲次癸亥季夏穀旦立。

南海縣香林潘紹遠拜撰。

南海縣天池關澤川拜訂。

順德縣鮀州梁廷記拜書。

東岸縣榆林社石工正局阮盛垣敬鐫。

從明命皇帝（1820-1840）繼續重修粵東會館，紹治（1840-1847）再繼續重修。越南天氣常常有颱風，風雨不常，因此，影響到建築空間，影響到經濟、文化、政治。粵東會館在明命皇帝時間，重修的還有編寫得很清楚的會館奉祀神靈。碑文內容如下：

重修會館碑記（1820）

重修粵東會館碑記

蓋自周禮天官以九職任萬民，而商賈居其一，凡皆以通貨財，而使無者有利者，阜此生財之道，所以遍乎中外，而舟車人力，無遠弗居也。考古之大羅城為越南巨鎮，其地與東省為接壤，而梯航所可至。自明季以來，太平日久，物產滋豐，我東之人服賈斯土者，為貨賄懋遷之區，即為舟車輻輳之地，熙來穰往者，稱樂國焉。惟是人情渙者不可不使之萃，紀之馳者不可不為之經，祈神祇者不可不為之祀，故會館

之設，法至良，意至美也。溯自龍飛癸亥（1803）之秋，始建之以睠桑梓之情，為抒誠酬恩之地，但基址無多，規模狹隘，僅足以祀神靈，未足以壯瞻觀也。越十餘年，至乙亥（1815）之歲，人之盛也既逾於前，而物之豐也更勝於昔。是以會長關天池會集同人，肇建重修之議，欲因舊址而式廓是增焉。公推值事，決志圖成，踴躍勸題，復行捐助，而工費有賴，尚慮基圖未廣，氣象難以堂皇，不謂欲左而左，宜欲右而右，有遂鳩工庀材，神魯斧運宋斤，閱四年而功程告竣，門堂後閣始深靚舃奕以成大觀，自是東省冠裳為之生色，謹擇己郊小陽之吉。

崇祀　關聖大帝以景仰其浩然之氣，而道義知所配合也。
崇祀　贊順天后元君以佑波恬浪靜，而履險如夷於終古也。
崇祀　三元三官大帝以祈福祿攸同，而康強逢吉之永藉也。
崇祀　伏波馬大元帥以緬想其底定之勛，而昇隆之所安享也。

然以山川之秀，都邑之盛，前文之述備矣。而館位其間，地之靈者人必傑，俗之厚者風必淳。即令彼都人士，歲時帥屬迎禡祭酺、食德、酬功、抒誠、忭頌，濟濟蹌蹌，狞歟休哉！何其神妥而情萃如斯也。異日者客滿三千，腰纏十萬，人之詠樂國，咸邀神貺者，有不千秋禔福，綿綿延延，引之而勿替也哉！爰撮其顛末，勒諸麗牲之石，後有繼者，其將有感於斯文。
時

明命元年歲次庚辰孟冬穀旦立。

南海縣庠生潘憲祖拜撰。
恩授修職郎關天池拜訂。
南海縣疊溪楊蕃開拜書。
東岸縣榆林社石工正局阮盛垣敬刊。

從內容上，碑文提出到當時阮朝明命時間，粵東會館奉祀四位神靈：

　　崇祀　關聖大帝以景仰其浩然之氣，而道義知所配合也。
　　崇祀　贊順天后元君以佑波恬浪靜，而履險如夷於終古也。
　　崇祀　三元三官大帝以祈福祿攸同，而康強逢吉之永藉也。
　　崇祀　伏波馬大元帥以緬想其底定之勛，而昇隆之所安享也。

　　四位神靈，至今還有神像與牌位。紹治四年（1844），粵東會館繼續重修，碑文寫出「奉祀天后元君聖像，每屆祭獻之期」。根據至今碑文、漢喃文獻內容，可知河內的華人特別發展。以後，會館歷經幾次重修，特別是法國來河內以後，粵東會館再一次重修，就受到西方建築的影響。現在的粵東會館，是1925年由當時河內特別多的廣東人商人與各地華人、越南人一起重修。行帆街特別繁榮，經濟發展等方面有賴廣東人、越南人共同發展。至今資料記載，可以看到二十世紀初，河內商人有279位華人商人，其中粵東會館管理257位華人商人。粵東會館的規模、人力與社會的影響很大。當時福建會館有22位商人，是很少的人數。

　　粵東會館建立時收到來自中國廣東商人與越南本土人挹注經費，因此，建築規模宏大。木頭大部分是越南鐵林大樹，經過一百多年，大部分木頭還好。但建築師指導重修，就是華人，也有越南人，使得粵東會館不僅具有中國建築的典型特徵：紅磚彩瓦，屋頂花葉裝飾等，但也有受到越南建築文化的影響。二十世紀初，粵東會館修改，還有受到法國建築的風格。

三　河內粵東會館與孫中山來往論

　　孫中山（1866-1925），名文，號逸山，出生於中國廣東省香山縣。以後，孫文自稱是孫中山。中國人因此也叫他是孫中山先生。從十九世紀末年，孫中山也開始準備革命救國事業。1900年，這時間，孫中山已經到日本。1900年至1908年期間，孫中山多次前往越南，宣傳革命和「三民主義」，號召捐

錢，在越南的華僑華人社區建立革命組織。河內－西貢兩城市的華人，在財力、物力、人力等方面，都熱心支持孫中山。

1900年6月21日，從日本，孫中山回到越南南方西貢市。在西貢孫中山與安南總督韜美（M. Doumer）會談，以後，他從西貢轉去新加坡。[3]

1902年12月，孫中山到河內參與法國舉辦博覽會。在河內，孫中山認識很多河內的華人，並在河內成立興中會分會。然後，孫中山繼續到越南南方的西貢鼓吹革命。這時間韜美已經回到法國，孫中山在剛到安南時，法國總督就與清朝保持友好關係，他同時禁止法國官員與孫中山先生接觸。法國總督也禁止通過安南邊界轉運武器。因此，孫中山與同志在革命之路上遇到了阻礙。

圖七　孫中山的革命理念對越南產生影響。右圖為吳稚暉編的《國父孫中山先生年譜》，1940年出版。左圖為孫中山逝世後，越南發行的文宣。

3　可以參考國立國服紀念館編輯有關孫中山年表：https://sunology.culture.tw/cgi-bin/gs32/s2gsweb.cgi/ccd=yuXxRm/record?r1=25&h1=1

　　1905年孫文提出民族、民權、民生三民主義。孫中山常常到日本、越南、新加坡、香港、臺灣等地活動。孫中山也選擇廣東、廣西和雲南作為發動武裝起義的地點。因為他認為這三個省的群眾基礎好、土地寬敞、靠近邊境，所以很容易從國外運輸武器。這年10月7日，孫中山從日本到西貢籌款。在越南他與M. Doumer繼續合作，法國政府繼續與孫中山、華人討論革命與經濟事宜。

　　1906年8月到9月，孫中山到西貢。在西貢，孫中山函請蘇漢中等與華人愛國的意識，捐經費，以救國可用。[4]

　　1907年3月4日，孫中山與胡漢民、汪精衛共商革命大計。黃興到西貢，以後到越南北方的海防市，再從海防到河內。這年在河內，孫中山、胡漢民、汪精衛與很多華人討論革命方向，同時設立機關、單位，策劃革命軍事，準備武裝的起義。在河內河南甘必達街61號（Gambetta Street——現在是河內市陳興道街），設立武裝起義總部。

　　這時間，孫先生與各位同志特別在粵東會館留住。有關華人革命的事，大部分都是在粵東會館內討論與決定。

　　1908年3月，清廷要求法國殖民者將孫中山驅逐出越南，他不得已只好離開河內。孫中山雖然離開河內，但仍領導所有同志繼續發展武裝，特別是購買很多法國彈炮。從此，胡漢民、黃興與越南將領有了互動，例如：黎仲實、梁建蔡、梁瑞庭等。孫中山的革命武裝分佈於廣東、廣西、雲南三省。他多次到東南亞各國號召當地的華僑為革命捐款。河內與海防的華僑也為孫中山捐錢。總之，至今可以根據孫中山的資料、日記，來論述出他的來越南活動的時間與成果。

4　國父年譜，第四冊，頁41.

圖八　粵東會館門外胡漢民題字的橫匾。上圖為粵東會館門口，下圖為橫匾照片。

　　在1907到1908年，孫中山特別留在粵東會館。在粵東會館，孫中山與胡漢民、汪精衛、黃興等等聯絡策劃革命政策，促成1911年的成功。孫中山的兩位輔佐，是胡漢民與汪精衛他們都來河內，住在粵東會館。粵東會館至今還保留胡漢民寫橫匾書法：粵東會館。

　　可知，孫中山、胡漢民、汪精衛、黃興等等人士大部分都在粵東會館留住。從粵東會館，革命的命令發到越南邊界，到雲南、到廣西、廣東等。革命的成功也有河內華人、越南華人的貢獻。甚至可說，革命成功也有越南人的影像。粵東會館也是河內華人歷史的部分，也是孫中山革命路線的印跡。

圖九　胡漢民來訪越南，當地報刊有刊載相關資訊。右圖為胡漢民來訪越南時當地報紙刊登的新聞。左圖為胡漢民來訪時拍攝的照片。

四　現在河內粵東會館

　　二十世紀下半葉，河內的粵東會館、福建會館都改變成為小學校：幼稚園。會館空間至今還保存以前的空間、面積。幼稚園只是利用會館房子建立成為學校的講堂。經過幾十年，河內文化所主張重修、保存古蹟空間、成為文化空間，也是河內老街的觀光線路。因此，老街的名勝古蹟都有重修、保存。從2018年，學校搬到一個其他的文化中心，會館要重修。經過兩年多，重修完成，會館重新。至今，粵東會館面貌重新，面積廣大，得到1802平方米。會館重修，也是保存幾百年前中越關係的文化、中越關係的歷史。

　　會館重修完成後，越南文化部、河內文化所與很多管理文化部分同意，會館改變成為現代藝術文化中心。至今，粵東會館是河內藝術文化中心，常常舉辦展覽藝術、學術論壇或者表演藝術等等活動，這是粵東會館針對河內當代發展文化的最大貢獻，也紛紛國內、國外讚賞。2007年粵東會館被列為越南國家歷史建築藝術遺跡。

五　結論

　　越南歷史上，華人做出了很多貢獻，特別是從升龍京城到至今河內的很長時間。河內老街，還有很多華人與越南人的名勝古蹟，名勝古蹟也保留了很多歷史上的印跡。到二十世紀初法國人來越南後，就與華人溝通，特別是生意的方面，因此，加強了中法越的合作關係。中法越有密切的關係，促成華人更有很好發展的條件。從二十世紀初，孫中山先生來河內，有幾次留在粵東會館，建立學校，捐錢，建立革命機關的很多活動，對越南以後的歷史發展也有深刻影響。本論文，論述到河內的華人歷史，也是論述到華人名勝古蹟，其中特有粵東會館。

　　本論文也介紹孫中山與胡漢民等在河內發展中華革命所帶來的許多結果。

參考文獻

吳敬恒：《國父孫中山先生年譜》，1940年。

胡　　繩：《孫中山革命奮鬥小史》，香港，南洋書屋，1948年。

胡漢民著：《胡漢民自傳》，台北，傳記文學出版社，1982年。

陳肇琪編：《胡漢民先生過越彙紀》，南圻華僑日報總理兼總編輯，越南西
　　　　　貢，1928年。

越南阮朝國史館：《大南一統誌》，越南漢喃研究院藏本。

印順法師及其佛學思想在馬來西亞的傳播初探

——以教學活動為考察核心

杜忠全[*]

摘 要

二十世紀下半葉以來，人間佛教已成為當代漢傳佛教發展的主流趨勢，直至近年來，人間佛教的多元發展，已經獲得學術界的認同，惟印順法師所闡揚的，依然是人間佛教眾聲喧嘩中最具理論深度的一支。過去討論當代馬來西亞漢傳佛教的發展，有率然以「人間佛教」來概括的觀點，也有不予認同此一概括的。本文之作，主要以教育、教學活動為對象，追蹤及梳理印順思想在馬來西亞的傳播，以及評估在印順思想的影響之下，馬來西亞漢傳佛教發展是否在知識佛教發展的層面，出現新的發展與可能趨勢，而與以往的漢傳佛教教理傳播與學習，有什麼的不同。

關鍵詞：印順、人間佛教、佛教史觀、佛學院、中觀

---

* 馬來西亞拉曼大學中文系助理教授兼金寶校區系主任。

一 前言

　　「人間佛教」是二十世紀以來漢傳佛教現代化的自我革新思潮，按口號與概念的提出而言，宣導現代中國佛教改革的太虛大師（1890-1947），無疑是最早的主力倡導者。太虛大師在1928年提出了「人生佛教」，[1]以作為中國佛教自我革新以適應新時代條件的目標。到了1933年，太虛大師又以〈怎樣來建設人間佛教〉為題發表演說，翌年發表於《海潮音》，此可視為「人間佛教」一詞出現的標誌性時間點。無論如何，太虛大師在「人生佛教」與「人間佛教」之間，並未予以內涵上的區別，晚年時期更以「人生佛教」為題來結集相關文章以出版流通。[2]按此而言，一般以「人生佛教」作為太虛大師在二十世紀前半期極力宣導之中國佛教宗理念與實踐現代化的標籤，這與其一生的著文、演說乃至最後結集文集等所使用的語詞符號，是大致相符的。

　　太虛大師學團的「新僧」中，在中國佛教現代化的理論建構方面給予時代最大影響者，無疑是印順法師（1906-2005）。印順法師終其一生著力於教史與教理之學的鑽研，惟以史為經，從歷史脈絡來梳理及闡發佛教義理的治學方式，[3]自始即與太虛大師走著不一樣的道路。無論如何，對於中國佛教

1　江燦騰以太虛大師在1928年發表〈對於中國佛教革命僧訓辭〉，中有「由人而菩薩而佛的人生佛教」作為「人生佛教」首倡的標誌，見江燦騰：〈從「人生佛教」到「人間佛教」：為紀念太虛大師百歲誕辰而作〉，收入氏著：《臺灣佛教與現代社會》（臺北：東大圖書公司，1992），頁172。鄧子美則以1928年太虛大師在上海發表〈人生佛教的說明〉等等一系列的演說為「人生佛教」一詞首倡的標誌，見〈人間佛教的誕生與太虛思想〉，收入鄧子美、陳衛華、毛勤勇合著：《當代人間佛教思潮》（蘭州：甘肅人民出版社，2009），頁70。無論概念上的論述如何，出自太虛大師之口而作為專門語詞的「人生佛教」，大致是以1928年為時間標記就是了。

2　周貴華也指出，太虛大師的「人生」與「人間」在涵義上略有差別，前者是針對人而言，但較之後者更有彈性，太虛大師尤其更傾向於使用「人生佛教」一詞，見周貴華：《「批判佛教」與佛教批判》（北京：中國社會科學出版社，2018），頁176。

3　龔雋：〈經史之間：印順法師經史研究與近代知識的轉型〉，收入龔雋、陳繼東著：《作為「知識」的近代中國佛學史論：在東亞視域內的知識史論述》（北京：商務印書館，2019），頁311。

必得經過一番的自我變革，以適應現代社會的理念宣導，卻始終認同於太虛大師。對二者的關係，比起早前認為兩人之前後相承，江燦騰提出，實際上是印順法師對太虛大師形成一種批判性繼承的關係[4]，兩人的佛教觀點同中有異，而有關異的部分，印順法師自己其實是有所自覺的。

馬來西亞漢傳佛教隨著華人的南來而自華南原鄉傳播而來，早期多為依附在民間香火道場的庶民佛教，直至檳榔嶼鶴山極樂寺之開山並作為鼓山湧泉寺的海外下院，則為學者視為正統佛教再傳入的標誌性歷史事件。[5]在這前後，南遊僧人成為佛教傳播的主體，直到1954年竺摩法師（1913-2002）自香港南來檳榔嶼，此後長期駐錫弘法並建立僧團，繼承太虛大師之對「人生佛教」理念的推廣，則是太虛大師學團之新僧來馬扎根以傳播佛教的重要事件，這尤其對二十世紀下半葉馬來西亞漢傳佛教的義理傳播，起著關鍵性的作用。到了二十世紀80-90年代之交，包括推動研讀《妙雲集》在內的印順法師著作，其風氣逐漸在佛教青年階層形成。這樣，馬來西亞漢傳佛教之知識佛教的理念傳播，就漸次進入了印順思想傳播的階段了。[6]

本文之作，主要是以教育、教學活動為主要對象，追蹤及梳理印順思想在馬來西亞的傳播，以及評估在印順思想影響之下，馬來西亞漢傳佛教發展是否在知識佛教發展的層面上，出現新的發展與可能趨勢，而與以往的漢傳佛教教理傳播與學習，有什麼樣的不同。

4　江燦騰：〈從解嚴前到解嚴後：當代臺灣佛教人間淨土思想的變革與爭辯〉，見《臺灣佛教史》（臺北：五南圖書出版公司，2009），頁478。江氏的該觀點早於二十世紀九〇年代即已提出，引文也重複出現在江氏的文章中，該文章較早為單篇文章，今以收入《臺灣佛教史》一書第二十一章的為引據版本。

5　陳美華：〈馬來西亞的漢語系佛教：歷史的足跡、近現代再傳入與在地紮根〉，收入李豐楙等主編：《馬來西亞與印尼的宗教認同：伊斯蘭、佛教與華人信仰》（臺北：中央研究院人社中心亞太區域研究專題中心，2009），頁15-121。

6　有關馬來西亞佛教之「知識佛教」說，可參陳秋平：〈「知識佛教」與馬來西亞華人佛教的轉型〉，《人間佛教研究》第10期，2020，頁186-187。

二　印順法師之南遊馬來西亞

　　馬來（西）亞漢傳佛教早期以南來僧人為傳播主體，1957年馬來亞獨立建國前後，南來僧人留下並扎根的，也就成了南來第一代僧人，並且逐漸形成馬來西亞在地的漢僧僧團。然而，就馬來半島而言，無論是馬來亞獨立前還是獨立後，漢傳佛教與根源地佛教的交流與往來，都長期持續著；二十世紀的50年代之後的很長一段時期，因時代因素，馬、中佛教聯繫中斷，但轉而與同樣屬漢傳佛教文化圈的臺灣佛教，建立了密切的關係。[7]以鼓山湧泉寺海外下院的檳城鶴山極樂寺為例，自從1953年第三代方丈圓瑛法師（1878-1953）在上海圓寂之後，早期原為鼓山委派住持方丈與職事僧的鶴山極樂寺，此後一直懸空方丈職，以原鼓山南來僧志崑法師（1885-1964）延續其代方丈職務，一直到他圓寂之後，極樂寺依然未有方丈補缺，直至來自臺灣並承傳圓瑛法師鼓山曹洞法脈的白聖法師（1904-1989）應允接掌方丈職為止。鶴山極樂寺此後經歷兩代臺灣籍的方丈和尚，才由馬來西亞籍的本土僧人接手。以此一斑，可見二十世紀中期以降，馬、臺漢傳佛教的緊密聯繫。

　　以太虛大師一系的新僧而言，太虛大師自身即曾在1926年應邀到訪新加坡，以及1939年到1940年的太平洋戰爭期間，率團訪問東南亞各地，前後五個月的行程裡，包括了停駐在馬來亞各城鎮，主要目的雖是聯繫佛教徒以宣傳抗戰，但也在巡迴演講中闡發了與其「人生佛教」理念相一致的內容，同步宣揚佛教的革新。[8]這一隨帶政治任務的弘法行程，對太虛大師晚年在中國得到官方的信任發揮了一定的作用，尤其對他後期的佛教改革事業給與幫助，惟這是後話了。

7　按釋繼旻，馬、臺佛教正式建立聯繫，是自1963年白聖法師率佛教訪問團巡訪東南亞開始的，見釋繼旻：〈白聖法師與馬華佛教：開啟臺馬佛教邁向全球化〉，《臺灣宗教研究》第17卷第2期，2018年12月，頁46。

8　陳秋平：〈人間佛教在馬來（西）亞的傳播與發展：以太虛大師及他的學生在馬來（西）亞的活動為研究脈絡〉，《世界宗教研究》2009年第3期，頁32。

　　太虛大師的中國佛教國際訪問團一行人來馬又離馬之後，隨團的慈航法師（1893-1954）卻自動請纓留下，此後長期在當時包括新加坡在內馬來亞半島展開佈教活動，自1940年到1948年應臺灣妙果法師之邀，赴臺灣創辦臺灣佛學院為止，前後有8年的時間駐錫馬來亞。慈航法師在馬來亞駐錫8年，以檳榔嶼和新加坡為主要活動地，是太虛大師麾下新僧宣傳人間佛教人物之中，除後來南來並扎根馬來（西）亞的竺摩法師之外，是南遊僧人在馬活動時間最長，影響較為顯著的一位了。[9]

　　此外，太虛大師麾下法將法舫法師（1904-1951），以及長期追隨印順法師，屬太虛大師新僧第三代法螺手的演培法師（1917-1996），也都曾在獨立前後蒞訪馬來亞。法舫法師在1950年應檳榔嶼菩提學院之邀。短暫前來，出席了該院的落成典禮及為佛像開光，再對外講幾堂課，便離開馬來亞轉赴錫蘭（斯里蘭卡）擔任大學教職；演培法師則在1961年南來馬來亞並巡迴演講，但後來長期駐錫新加坡，如有留下影響，主要也是自80年代結集《諦觀全集》及隨後的《諦觀續集》二套文集發行之後，以文字形式在馬來西亞知識佛教圈漸次影響為主的。

　　至於本文所談的印順法師，也曾兩度蒞訪馬來西亞，並七訪新加坡。印順法師首次南遊馬新是1968年年終，此時已經是馬新分家，兩國隔著國界線，因此可將新加坡的遊化劃開不計，只就兩次的馬來西亞行程來談。

　　印順法師首次遊訪馬來西亞佛教界，是1968年12月29日蒞臨新加坡之後，到了翌年的3月17日，從新加坡直飛檳榔嶼，包括當時剛上任不久的鶴山極樂寺方丈白聖法師和三慧講堂住持，同時也是時任馬來西亞佛教總會主席的竺摩法師，是主要的聯繫與接待人。在檳城期間，印順法師都住在竺摩法師的三慧講堂，但馬來西亞佛教總會所在的檳榔嶼，佛教界歡迎印順法師蒞訪的公宴就落在鶴山極樂寺。這一在馬行程，除了拜會佛教界長老，主要是弘法和演講，如在檳城即在三慧講堂一連六天開講《般若心經》，也在菩提學院演講，惟講題不詳。此後，印順法師沿著馬來半島的西海岸一路南

9　同上注，頁33-34。

下，經山城怡保（Ipoh）、金馬崙（Cameron Highland）、都門吉隆坡、巴生（Klang）、馬六甲（Melacca），最後到南馬柔佛州的麻坡（Muar）留宿一夜，4月4日返新加坡。[10]印順法師初訪馬來西亞，前後歷時19日，即不足3週的時間，而期間的停駐點，除了怡保和吉隆坡市區是以粵人為主的之外，主要都是閩南人聚居的城鎮，不可謂不巧巧合了。

印順法師的第二次蒞訪馬來西亞，是在1977年9月到10月之間，主要是金馬崙三寶萬佛寺的戒會之邀。這一南遊行程，印順法師在9月16日飛抵吉隆坡，但只是轉機行程，目的地是新加坡。到了9月21日，才與新加坡一行人正式入境馬來西亞，先到吉隆坡，留宿於鏡盒法師（1900-2000）的觀音亭一夜，翌日就上金馬崙三寶寺。因住持本道法師（1898-1987）八十壽辰而傳戒，印順法師應邀前來擔任說戒和尚，竺摩法師和演出培法師分別擔任羯磨和尚和教授和尚。這一傳戒大會在9月28日開堂，10月16日圓滿，印順法師在10月17日下山，18日在鶴鳴寺演講，10月19日就離開馬來西亞回到新加坡了。[11]這一以戒會邀請為主的訪馬行程，前後雖然有一個月之久，按如今所見的記錄，只有一場對外的公開演講，內容不詳。此外，在戒會開始的9月28日之前，雖然印順法師已經在金馬崙三寶寺山上，但期間未見有任何活動的記錄。按該地地處高原，交通不便，往返耗時，不宜有對外的公開活動即是。[12]

按如上印順法師的兩次蒞訪馬來西亞，時間都不長，第一次雖然有近20天，期間在多個華人城鎮有講經或弘法演講活動，但畢竟屬蜻蜓點水式的結緣活動；第二次行程主要在戒會說戒，對外的弘法演講只有一場。因此，印順法師雖然曾親訪馬來西亞，主要行程在馬來半島西海岸的大城小鎮與教界長老和信眾接觸，但其形成的效應與影響難以作出估計就是了。

---

10 鄭壽彭：《印順導師學譜》（臺北：天華出版事業公司，1981），頁94-95。

11 同上注，頁107。

12 有關印順法師包括馬來西亞在內的弘法與遊訪，侯坤宏有專文處理，可參閱其〈印順法師的東南亞佛緣〉一文，收入侯坤宏：《論馬來西亞近代漢傳佛教：一個局外人的觀點》（香港：香港中文大學人間佛教研究中心，2021），頁371-405。

三　作為文字傳播的印順思想

印順法師的佛學與思想，主要是透過文字出版的形式，在馬來西亞漢傳佛教界傳播，並造成持續的影響。按早期印順法師在中國大陸與香港、臺灣等地結集出版專書或經論講記的書籍流通，目前暫時不能理出其在馬來亞的傳播情況。然而，按印順法師在《平凡的一生（重訂本）》裡的追溯，其中跟檳城有一段特殊的因緣：

> 檳城的明德法師，自願籌款印行《中觀論頌講記》。寄來的印費有餘，再印了《勝鬘經講記》。我與這位遠地的法師，沒有任何關係，也不曾通過信，不知他聽了誰的稱譽《中觀論頌講記》而自動發心贊助，因緣實在稀有！[13]

文中的明德法師（1895-1961）是鼓山系統僧人，虛雲老和尚（？-1959）的戒子，檳城鶴山極樂寺的第三代住持圓瑛法師的傳法弟子，1936年南來，先後在新加坡及檳城活動，曾任鶴山極樂寺任監院職。1950年在極樂寺任上獲信徒贈地，而在檳榔嶼丹戎道光（Tanjung Tokong）開山建香山寺。[14] 上述印順法師所記的明德法師籌款助印《中觀論頌講記》（及《勝鬘經講記》）事，是係在1952年，其時正是明德法師自行開山經營香山寺之後的事。此事可以得到這樣的解讀：在包括馬來（西）亞在內的東南亞佛教，新僧與非新僧之間的對立其實並非界限分明，明德法師在沒有人情相交的前提下，自發性地襄助印順法師出書，純粹是出於法情，而不存在人情，更排除了僧人脈絡系統之間的隔閡。

明德法師贊助印順法師的出版經費，並非單一的事件。明德法師生前香山寺的運作情況不明，但估計印順法師在出書之後，肯定會寄贈作為贊助人

---

13 印順法師：《平凡的一生（重訂本）》（竹北市：正聞出版社，2005），頁176。

14 開諦法師：《南遊雲水情：佛教大德弘法星馬記事》（檳城：寶譽堂推廣教育中心，2010），頁165。

的明德法師，也應該不限定所贊助的《中觀論頌講記》與《勝鬘經講記》二書。後續發展是，在明德法師圓寂之後，香山寺經歷一段時間的在家人管理之後，在1983年按明德法師的遺言，交付鶴山極樂寺作為下院來管理。[15]在這之後，香山寺即由鶴山極樂寺派駐當家師負責管理事務。在這樣的運作底下，至少在二十世紀80-90年代之交由恆馨法師（1926-1998）擔任當家師的時候，該寺雖未正式設立圖書館，卻非正式地開放信眾及社會人士借閱該寺的豐富藏書，其中包括印順法師的全套《妙雲集》及印度佛教史研究專著在內。按《妙雲集》及其他專書的出版，都在明德法師圓寂之後，該寺卻大致完整收藏，並大開方便之門讓有心人上門借閱，甚至不設數量和期限，只需非正式地登記到借書記錄本即可。這一開放讓社會人士借閱的印順法師著作，理應對地方上的有心接觸和深入印順佛學思想的檳城青年造成影響，其中即包括作者自身在內！

四　印順佛學思想與馬來西亞佛學院的課程設置

　　印順思想在馬來西亞漢傳佛教界的傳播及產生影響，主要是透過書籍的流通與研讀，因此，主要的群體是僧俗的知識青年，特別是在馬來西亞佛學院。在馬來西亞漢傳佛教界，馬來西亞佛學院自1970年創辦並招生以來，即成為在地培育弘法人材的搖籃。[16]透過佛學院課程體系化的佛學教育，該院的僧俗畢業生在佛教的義理掌握與修持行踐方面，都有一定的掌握。該院課程的核心設置主要是初級班3年及高級班3年。高級班畢業之後，社會青年即投入職場，學僧則回到各自所屬的寺廟，以所學服務宗教與地方信眾。高級班畢業後，如擬繼續在佛學上繼續鑽研的，一般會前往臺灣的各佛學院學士

---

15 參侯坤宏：〈白聖法師看馬來西亞佛教〉，收入侯坤宏：《論馬來西亞近代漢傳佛教：一個局外人的觀點》（香港：香港中文大學人間佛教研究中心，2021），頁170。

16 杜忠全：〈馬來西亞漢傳佛教教育的幾種形態：以馬來西亞佛學院為主要考察對象〉，收入杭州佛學院編、光泉主編：《吳越佛教（第十二卷）》（北京：宗教文化出版社，2017），頁32-33。

班、碩士班繼續升讀。此外，也有選擇留校繼續進修的，對於這一類的學生，該院教務處就會為學生規劃深造班（3年）或後來以進修班（1年）為名堂開班，而以較專精的專題或經論研讀為課程主軸。[17]但是，深造班或進修班端視有無高級班畢業生留校就學而規劃，是畢業生的其中一個選項，而不是常設的班就是了。

按馬來西亞佛學院的歷年課程設置所示，印順佛學著作之納入課程架構，始於1980年《成佛之道》一書成為高級班二年級的課；翌年，同一批學生繼續在三年級上《成佛之道》，授課老師是赴臺學成歸來的繼程法師（1955-　）。[18]在這之後，繼程法師即長期在該院講授《成佛之道》與《佛法概論》，印順法師《妙雲集》中編的這兩部專論，也就成為馬來西亞佛學院長期沿用的課本。1982年新一屆的高級班，則以《佛法概論》為課本，連上2年；1985年開始的高級班也是如此。[19]1988年開始的高級班，則以前兩年上《佛法概論》，後兩年上《成佛之道》，高級二時同時上兩部印順法師專著。大致而言，二十世紀九〇年代之後，高級班的課程設置中，都會有《佛法概論》或《成佛之道》，或二書銜接開課。除了在1993年，該院在初級班三年級就安排了《佛法概論》課，該課延續到1994年開始的高級班繼續修讀一年，而後兩年則銜接以《成佛之道》。這樣，這一批學生就以跨初、高級班課程的銜接模式，完成了兩部印順法師專著的修讀。

自1980年開始以《佛法概論》與《成佛之道》為主的印順佛學著作教學之後，授課老師一直都是開風氣者繼程法師。1999年，繼程法師沒有在馬來

17　這是1971年4月由馬來西亞佛教總會會員代表大會議決，1973年落實開辦深造班的，參釋顯性、鄭庭和：〈馬來西亞佛學院之組織與發展（1970-2019）〉，《馬來亞大學華人文學與文化學刊》第8卷第1期，2020，頁30。

18　有關馬來西亞佛學院的歷年課程設置，由馬來西亞佛學院教務處整理及提供，其中得力於該院教務主任繼尊法師良多，謹此致謝。

19　1970年創校收生之後的馬來西亞佛學院，是採3年一屆的收生模式，而不是每年招收新生入學。這種情況一直到2000年代才改變。可參杜忠全：〈馬來西亞漢傳佛教教育的幾種形態：以馬來西亞佛學院為主要考察對象〉，收入杭州佛學院編、光泉主編：《吳越佛教（第十二卷）》（北京：宗教文化出版社，2017），頁38。

西亞佛學院授課，但這兩部著作已經成為該院高級部的常設課程，此後的授課老師包括了繼燈法師、心迦法師（1958-2022）及繼續擔綱教學任務的繼程法師等。自2002年開始的變化是，此前這兩部書大致開在高級班，此後《佛法概論》成為初級班的常設課，《成佛之道》開在高級班，成為兩個梯次的銜接課了，授課老師多元，但開風氣的繼程法師在2005年最後一次開授之後，即轉為專注領眾禪修，這兩門課自此由其他法師任教，包括了2006年開始即由福嚴佛學院畢業並留校服務數年後返馬的道一法師（1975-）擔綱教學任務。在道一法師負責教授印順佛學著作課程期間，《佛法概論》與《成佛之道》先維持原先的初級班到高級班相銜接課的順序，課目也按書名開列；在道一法師入職馬來西亞佛學院的那一年，該兩門課雖然依然由繼程法師開授，但另外安排道一法師在初級班的二、三年級講授「《妙雲集》導讀」課，引導學生研讀這兩部專著之外的印順法師佛學作品，[20]翌年即接手這兩部專著之常設課程的教學任務。道一法師負責印順佛學思想課程的教學直到2009年為止，期間的變化是，2007年開始在初級班各以一年講授《佛法概論》與《成佛之道》，到了高級班的三年「《妙雲集》導讀」課，則由學生主導分別針對《佛法概論》與《成佛之道》來進行閱讀彙報，教師則擔綱引導討論的角色，讓學生在初級班上課的基礎上，進一步以互動的方式自行深入消融與分享內容，這一部分也會涉及到《妙雲集》其他作品的選讀與討論。這樣，學生在課堂所接觸的印順著作，就不限於《佛法概論》與《成佛之道》這兩部專著，而擴展到其他作品的研讀，進一步深入印順的佛學思想了。

　　道一法師之後，印順佛學著作的研讀並未終止，而是繼續由其他老師任教，包括法師與在家居士。2012年以降，也是臺灣福嚴佛學院畢業的開尊法師加入馬來西亞佛學院的教師團隊，課目中如有《佛法概論》、《成佛之道》、「《妙雲集》導讀」等等，都由開尊法師負責。此外，開尊法師甚至還教授《印度佛教史》和《寶積經講記》等課，而這些都是印順法師的著作，或印順法師持續耕耘深耕，留下許多大部頭著作的部分。最近的2021年，印

---

20 按畢業生的口述，這一門課包括閱讀《妙雲集》下編的《學佛三要》等在內。

順法師所編的《雜阿含經論會編》也成為專修班修讀的一門課，這可見得，印順法師部類龐大的專著、經典講記、教史專研寫作乃至編輯作品，都在馬來西亞佛學院的課堂教學中受到重視和援引為教材，從而透過體系化的佛學教育，對馬來西亞佛教青年予以深刻的影響。[21]

按以上馬來西亞佛學院的歷年課程設置，可說自1980年以來，以《佛法概論》與《成佛之道》為主的印順佛學著作，就納入該院的常規課程。透過課堂的講授與研討，而對佛教青年的佛教知識與教史觀點，產生了深刻的影響。這些僧俗學生在佛學院完成學習生涯，無論是進入職場還是回到寺廟投身弘法活動，都會對印順佛學思想在馬來西亞漢傳佛教界的傳播，產生了一定的推廣作用。

五　馬來西亞高級佛學研修班與印順思想傳播

馬來西亞漢傳佛教的正規教育體系，即如上述教育部立案管理的馬來西亞佛學院。在佛教的社會教育方面，各地方佛教會、寺廟各自推行的佛學班、弘法活動之外，多年來形成傳統，迄今已延續了超過40年的馬來西亞高級佛學研修班，應該是對佛教知識圈影響較大的一個了。

馬來西亞高級佛學研修班號稱是國內漢傳佛教界的大眾佛學推廣教育最高層次的短期系列課程，該課程自1985年第五屆以來幾乎都一年一辦，由馬來西亞佛教青年總會主辦，再由地方寺廟或佛教會協辦並落實的佛學研修班，自1979年推出首屆而延續至今，到2022年已經是第41屆了。四十多年來，這一研修班成了馬來西亞知識佛教徒較深入地接觸並密集研修佛學專題的場域。這些高級佛學研修班的參與者除了馬來西亞佛學院的僧俗在讀生，一般是學校在職教師或地方佛學班、佛教會的積極分子，通過密集研修了返回各自的佛教活動場域，理應都會將所學再融匯及再傳播。那麼，透過歷屆馬來西亞高級佛學研修班的主題設置，我們也就能看到這一知識佛教圈的授受內容。

---

21 馬來西亞佛學院也收有少數的老年僧俗學生，但整體而言，佛教僧俗青年依然是主體。

　　印順法師的佛學研究與理念闡發，主要是在印度佛教史與人間佛教思想方面，透過歷屆馬來西亞高級佛學研修班的專題整理，可以看到以下印順佛學思想的影響：

表一　馬來西亞佛教青年總會歷屆高級佛學研修班整理略表

屆次	開始	結束	地點	講師	講題
5	13/12/1985	19/12/1985	（不詳）	普獻法師	心經、阿含選讀
				宏印法師	性空學、佛教史、妙雲選讀
				繼程法師	定學、靜坐
6	1/12/1986	7/12/1986	太平佛教會	傳道法師	佛教概論
				繼程法師	成佛之道、靜坐
7	30/7/1987	5/8/1987	太平佛教會	傳道法師	佛法十講
				繼程法師	心經的智慧、靜坐
8	23/7/1988	28/7/1988	太平佛教會	繼程法師	中國佛教史、靜坐
				宗玉媺居士	印度佛教史
9	24/11/1989	30/11/1989	太平佛教會	繼程法師	止觀略談、靜坐
				昭慧法師	宗教、佛陀、僧伽
				性廣法師	達磨
10	4/8/1990	10/8/1990	太平佛教會	繼程法師	定增上學、靜坐
				果煜法師	慧增上學
				昭慧法師	戒增上學
12	15/8/1992	21/8/1992	太平佛教會	果煜法師 繼程法師	中觀 般若心經
13	21/8/1993	26/8/1993	太平佛教會	惠敏法師、繼程法師	瑜伽行派的修道觀、禪宗的修道觀

屆次	開始	結束	地點	講師	講題
15	19/8/1995	24/8/1995	太平佛教會	楊郁文老師、繼藏法師	阿含、佛教與中國思維模式
27	31/8/2007	2/9/2007	太平佛教會	厚觀法師、開仁法師	大智度論探討
29	5/9/2009	7/9/2009	馬佛青總會行政與訓練中心 (PJ)	開捨法師	淨土法門的起緣：印度部
31	27/8/2011	31/8/2011	森美蘭芙蓉淨業精舍	道一法師	人菩薩行和慈心禪觀
32	30/8/2012	5/9/2012	莎阿南佛學會	性廣法師	禪·身心健康
33	8/8/2013	11/8/2013	金寶近打佛教會	道一法師	認識自己·身心共舞
37	24/6/2017	27/6/2017	彭亨佛教會	圓波法師、開仁法師	回歸佛陀足跡
39	23/3/2019	26/3/2019	太平佛教會	開律法師	正念地生活
40	6/8/2021	-	Zoom	開仁法師	大智度論
41	6/8/2022	7/8/2022	Zoom	開仁法師	大智度論的中觀思想

迄今為止，收到之有關方面提供的整理記錄尚缺前四屆的主題與講師，因此暫略去不論。從目前掌握的整理記錄中，我們發現在80年代時期，主辦當局邀請前來擔綱課程主講員的，都是二十世紀80-90年代的臺灣當代佛教中推動印順思想之弘傳與學習的主力法將，包括了宏印法師（1949-　）、普獻法師（1943-　）、傳道法師（1941-2014）、昭慧法師（1957-　）、性廣法師（1962-　）等等。這幾位臺灣籍法師之中，宏印法師雖非隨印順法師出家，但經印順佛學思想啟發之後，即一度入住印順法師創建的臺北慧日講堂，就近在印順學團中學習，也長期追隨及弘揚印順思想，更在2014年接任

該講堂住持職，是鼓動臺灣佛教形成印順學風的重要旗手之一。普獻法師也不是印順法師的剃度弟子，但其出家因緣中即包括閱讀了印順法師的《成佛之道》，故而在思想上長期貼近印順法師的佛學思想。[22] 傳道法師也同樣不是印順法師的弟子，但在佛學思想上強烈認同於印順法師的理念，進而長期在佛教弘法工作上落力推動印順思想與人間佛教。至於昭慧法師和性廣法師，這兩位女性出家人都畢業自福嚴佛學院，並且是以發揚及行踐印順思想為主軸的佛教弘誓學團的發起成員，自1986年形成這一學團以來，除了帶領僧俗大眾學習印順法師的著作，也長期追隨晚年的印順法師，是二十世紀80年代之後在生活上較貼近印順法師的重要追隨者。

因此，可以這麼說，按迄今的整理資料所見，自1985年之後的近十年間二十世紀80年代，上述五位臺灣佛教界的印順思想弘傳法將，成為馬來西亞高級佛學研修班持續邀約來馬講課的主要講員，搭配了以繼程法師為主的馬來西亞籍法師及其他講師，幾乎形成了一年一度的印順佛學思想密集研修課程。馬來西亞籍的繼程法師是本地的主幹主講人，也是馬來西亞漢傳佛教界掀起學習印順佛學著作風氣的主要鼓動者。在繼程法師的推動與影響之下，馬來西亞佛教知識青年投入學習早期較受忽視的原始經典《阿含經》，也在印順法師的佛教史觀的的啟發之下，透過學習印度佛教史來瞭解佛法的流變。到了1988年，我們看到，也是馬來西亞在家佛教青年的宗玉媺，就承擔了在馬來西亞高級佛學研修班開授印度佛教史的講學任務了。[23] 這時期對印順佛學思想特定課題及佛教史等方面的學習，形成了一個鋪墊，為往後的繼續深入開展打下了基礎。

到了二十世紀90年代，應該注意到的是，這個時期經過前一個階段的概

---

22 此按「普獻法師專網」之〈普賢法師簡介〉：「普獻法師，1943年（民國32年）出生於花蓮縣吉安鄉，俗名曾振陸。原本是個無神論者，就讀花蓮中學期間，因為接觸兩本佛書，而促成出家的發心：一本是印順導師的《成佛之道》，另一本慈航法師的《相宗十講》。」連結如下：https://blog.xuite.net/t5a78/blog/50482506，2022年3月17日查閱。

23 後話是，宗玉媺在翌年（1989）赴臺入讀聖嚴法師創辦的中華佛學研究所，1992年以印度學專業畢業，再赴德國漢堡大學印度學研究所繼續完成碩士與博士學位，目前任職於臺灣宜蘭佛光大學佛教系，以印度佛教歷史與思想為學術專業。

論式鋪墊，而開始轉入專題深入開展的方式。這個時期的整理表其實還缺漏很多待有關方面增補，已經開列的部分可看到，這個時期新加入的臺灣籍僧俗主講員包括果煜法師（1954-　）、惠敏法師（1954-　）、楊郁文（1937-　）等人，分別就中觀、唯識、阿含等專精的方面講授。這僧俗三人之中，果煜法師是在臺北農禪寺完成《中觀論頌》完整27品的講授之後，被主辦方邀請來馬作密集式的《中觀論頌》選講，但課後留下臺北的完整錄音，讓學員可以在研修班之後自行完整學習。惠敏法師是自東京大學博士畢業之後即應邀來馬，所講課題與其博士研究課題相關。至於楊郁文，則是中華佛學研究所負責講授《阿含經》的專家。整理表裡新出現的本地主講人繼藏法師（1969-　），則是繼程法師的同門師弟，其應邀開課大致是他在臺灣國立臺灣大學歷史系在讀及畢業返馬之後的時期。這個時期的課程主題設置顯示了往深入開發的傾向，包括佛學體系中較為艱深之大乘三系理論性較強的中觀、唯識學，都在開課之列，而且照樣獲得學員的歡迎。有關唯識學的在馬傳播方面，可參閱個人的相關論文，[24]基本上是以馬來西亞佛學院的講授為主，但並非沒有在佛教體系的教育場域之外傳播與學習的。值得關注的是對中觀學尤其是《中論》的講授，雖然此前馬來西亞佛學院的課程設置中，在為數並不多的深造班／進修班課表中，往往會設置《中論》課，但就面向社會大眾的佛學講授而言，1992年果煜法師前來講授《中觀論頌》，雖然只是不完整的密集式選講，但恐怕是開了馬來西亞漢傳佛教界大眾學習中觀體系論典的先河。漢傳佛教已經長期湮滅的《中論》在二十世紀90年代重新被發掘與學習，應該是印順佛學思想在80年代較系統性地在佛教界傳播與吸收的成果之一。

就中觀體系之典籍的學習而言，到了千禧年之後，印順法師體系下福嚴佛學院的厚觀法師（1956-　）及馬來西亞籍的開仁法師，後來也應邀前來開講印順法師特別重視的《大智度論》，而這是方興未艾的，馬來西亞高級佛學研修班這最近的兩屆，即2020年因疫情延至2021年採線上模式開授，以

---

24 杜忠全：〈唯識學在馬來西亞漢傳佛教界的傳播〉，收入釋光泉主編：《唯識研究（第六輯）》（北京：商務印書館，2019），頁454-468。

及今年（2022）年招生中的第42屆，都設定了《大智度論》的主題，由出身福嚴佛學院但為馬來西亞籍法師的開仁法師主講。應該還要注意到，2009年以降的講題，多次由馬來西亞籍法師擔綱，包括開捨法師、道一法師（1975-　）、開律法師等等。這幾位法師都是馬來西亞國內積極弘傳印順思想的新生代僧人，其中的道一法師和開律法師都是畢業自臺灣福嚴佛學院，而課程主題設置也逐漸從早期的理論、歷史研讀發展到實踐與生活佛教的應用方面。這樣的趨勢，展現了印順佛學思想之學習的深入，也逐漸地由臺灣籍法師、講師擔綱主講到由馬來西亞籍法師擔任全場主講法師，這是馬來西亞高級佛學研修班的歷年課程整理表展示而出的發展。

六　中觀典籍的研讀與傳授：印順佛學思想深入影響的標竿

　　結合以上馬來西亞佛學院與馬來西亞高級佛學研修班的課程設置所獲得的解讀，我們可以發現一個現象，即印順佛學思想在1980年代以來逐漸以課堂長期講授或社會性之密集講習課程的模式進行，影響了佛教知識圈的積極分子。印順佛學思想具有多方面的觸及面，包括了印度佛教史史觀的建構、縱貫性的佛教修學次第的建構（《成佛之道》）、橫向面的根本佛學法義探討（《佛法概論》）、現代性的中國大乘佛教發展觀等等。就佛教思想體系方面而言，印順法師對整體印度佛教發展史觀的判定，特別是中國漢傳佛教所重的大乘佛教思想方面，在他的同代人裡頭，印順法師的最大特色，即在大乘三系中特重性空一系，並且以龍樹所開展的性空思想為直承根本聖典《阿含經》之最徹底（了義）大乘學說。[25]實際上，這一系的思想學說雖然融入了中國漢傳佛教的隋唐諸宗中，但直接發揚該學說的三論宗，卻早已在隋代嘉祥吉藏（西元549-623年）之後即中絕不傳。二十世紀以來的中國漢傳佛

25　莊明：《空與解脫：印順中觀思想與漢地佛教的轉變》（臺北：文津出版社，2015），頁162。

教，在佛學著作與思想中特別舉揚龍樹性空學說，並且影響了一代人繼起學習的，無疑即印順法師了。這一方面，本文無意展開論述，只就馬來西亞當代漢傳佛教的思想傳播而言，掀起中觀論典學習的風氣，其實也是在印順佛學思想廣為流傳一段時期之後的事。

　　目前所見的課程設置資料顯示，最早在課程設置中納入中觀論典的，是在馬來西亞佛學院。1973年，也即在創院第一批高級班學生畢業的翌年升讀深造班之後，《中論》即列為該年級的其中一門課，而且作為該班三年在學期間的連修課，授課老師是覺斌法師（1920-1989）。覺斌法師是臺灣籍僧人，是當時檳城鶴山極樂寺方丈白聖法師（1904-1989）的剃度弟子，1970年馬來西亞佛學院創院開課之時，即特別禮聘他前來任教。[26] 這樣，馬來西亞佛學院在高級班開授中觀論典《中論》，其實是在大乘三系思想完整涵蓋的考量下設置的，[27] 但是，只有《中論》是由當時的非馬來西亞籍教師擔綱，顯示這一中觀系的深論，當時還沒有馬來西亞的常住法師或俗家佛學教師能擔綱教學任務。

　　《中論》並非常設課目，有關深造班也不是常設班，沒有高級班畢業生留校升讀，就不設這一梯次的班。無論如何，在1973年到1975年連續研讀《中論》三年之後，1976年也設有深造班，但沒有設置《中論》或性空系的相關課目。1979年又一次開設深造班（一年制），覺斌法師又講授《中觀論》。這也是馬來西亞佛學院最後一次請覺斌法師擔綱《中論》課的講授任務了。到了1988年，也即是自1980年之後經過8年的印順佛學專論作為學院常規課實施之後，馬來西亞佛學院再一次開辦深造班，也設置了《中論》與《大智度論》這兩門印順法師最重視之龍樹系統之慧解與行踐兩方面的大論

---

26 覺斌法師未應聘來馬之前，即在臺灣中國佛教研究院擔任教務主任兼授課；來馬之後，也接任鶴山極樂寺監院職，1989年，即白聖法師在臺北圓寂的同一年，覺斌法師也在檳城鶴山極樂寺圓寂。參馬來西亞佛教資訊網：http://www.mybuddhist.net/cms/damafojiao/fojiaorenwu/fashi/4044.html，2022年3月19日查閱。

27 1974年該深造班的課開列4門，除了延續前一年的《金剛經》，另外2門是「唯識」和《大乘起信論》，深具三系思想參照研讀的意味。

典，授課老師分別是唯成法師和繼程法師，[28]二人皆馬來西亞籍僧人，也都有留學臺灣修讀佛學的背景，後者尤其是將印順佛學著作引進馬來西亞佛學院的開風氣者。

此後馬來西亞佛學院斷斷續續在高級班層次開設《中論》或中觀性空系統的專論課，如在1992年再一次由前述唯成法師開授《中論》，1997年以專修班為名義開設的班，則由開捨法師開授「中觀」課。開捨法師也是馬來西亞籍僧人，早年出家後曾分別在臺灣和斯里蘭卡入讀佛學院。屬於深造班梯次的課程，再一次設置《中論》課，則要到2007年的一年制進修班，授課老師是杜忠全。至於深造班以下的班級，在1993年在高級班三年級設置了嘉祥吉藏的《三論玄義》課，授課老師是馬來西亞籍的繼燈法師；在2001年到2003年期間，高級班的高段班一度安插「中觀學概論」課，雖非專論的研讀，卻以概論的方式讓學生接觸中觀思想。這一階段的授課老師是陳金輝。一個共同點是，這些在課堂開授《中論》或中觀相關課程的馬來西亞籍老師，都有留學臺灣的背景，其中有佛學院教育，也有一般大學學歷而專研佛學的。

至於馬來西亞高級佛學研修班方面，按上述表一所見，有關性空系典籍的主題設置，最早是在1992年由臺灣籍的果煜法師擔綱主講的「《中論》選講」。如前所述，這是果煜法師在臺北農禪寺完成全論27品的講授之後，受邀前來馬來西亞密集式選講的。果煜法師雖然是聖嚴法師的剃度弟子，但在中觀或《中論》方面，啟蒙者無疑是印順法師，其講授該論的科判，也主要沿用印順法師《中觀論頌講記》的科判。雖然果煜法師講授中觀思想有其理工科背景所形成的體會與特色，但是在印順法師的著作影響下出入中觀學，因此可視為印順法師佛學思想所開展的中觀學傳播。更何況，果煜法師也是以中觀貫通其佛學與禪觀，在此次正式在馬來西亞開講《中論》之前的1990年，他已經在該高級佛學研修班擔綱主講法師之一，主講「慧學」，理應跟

---

28 唯成法師是一度在馬來西亞佛學院任教的南來極樂寺僧人修靜法師的剃度徒弟，曾擔任檳城竹林寺住持，臺灣圓光佛學院研究所第一屆畢業生，是二十世紀80-90年代時期較引人矚目的知識僧之一，惟在2001年返俗。

其所體會的中觀密切相關。在這之後，果煜法師還多次應馬來西亞佛教團體的邀請，前來講課，依目前不完整的資料所見，2016年，他再次應邀在檳城三慧講堂開講《中論》。就中觀思想或《中論》的社會性研習而言，臺灣籍的果煜法師，是主要的推廣者了。

此外，還應該留意到，2007年之後，臺灣福嚴佛學院的厚觀法師和開仁法師，曾多次應邀在馬來西亞高級佛學研修班開授《大智度論》，包括2007年的第27屆、2021年的第40屆和今年2022年的第41屆在內。其中的開仁法師是馬來西亞籍僧人，畢業於臺灣福嚴佛學院並留校任教，迄今依然在福嚴佛學院及臺北慧日講堂持續開課，也在前些年接任了馬來西亞沙巴的寂靜禪林住持職。

這樣，我們可以看到的一個明顯趨勢就是：中觀思想與典籍的研讀逐漸形成社會風氣，是在印順佛學思想傳播開來之後，才進一步出現的當代現象。社會性的中觀論典研習，尤其要比佛學院的課程設置來得晚，一直到二十世紀90年代初期才第一次出現。大致而言，以《妙雲集》為中心的印順佛學思想著作的文字傳播，在馬來西亞佛學院與馬來西亞漢傳佛教界，幾乎是同步展開推廣的，主要推手都是繼程法師。無論如何，比起專業性的佛學教育系統，社會性的中觀思想學習，要建立在一定的佛學水準之上，這相對而言需要經過比較長時間的積澱才能達到。同時，這兩個課程的設置都展現了主講者本土化的現象。在馬來西亞佛學院，早在80年代後期，就由馬來西亞籍的法師接手講授中觀課程，而在社會性質的馬來西亞高級佛學研修班，則至遲到了2007年，也有馬來西亞籍法師擔綱中觀系統課程的主講者。這一現象，理應是印順法師以中觀思想為核心來推廣其現代佛教思想，進而啟發修學者進一步深入學習這一方面的典籍與理論，才會有這樣的成果。

七 結論

有關人間佛教在馬來西亞的傳播及發展，其實是一個中國佛教現代化的大課題。馬來西亞佛教的漢傳源流，也受到大中華圈的影響，而有了人生佛

教乃至人間佛教的議題，並且發展成了當代進行式。姑不論馬來西亞漢傳佛教的現代化是否是在人生佛教／人間佛教傳播之後才展開，只論太虛大師領導下的現代漢傳佛教革新隨著南來僧人以及最主要是竺摩法師長期駐錫與宣導之後，現代化而以文化與知識研習與傳播為主的佛教弘傳，就在馬來（西）亞展開了。以此為脈絡，本文以此追蹤，什麼時候馬來西亞的漢傳佛教現代化進程中的佛教知識傳播，轉而接上太虛大師之後的印順法師佛學思想系統？按馬來西亞佛學院與馬來西亞高級佛學研修班的課程設置而言，都是1980年代之後以學院或社會性課程講授與研讀的方式，在知識佛教圈開始傳播。在這一方面，具臺灣留學背景的僧俗，是主要的推動者，而在最初的社會性傳播階段，臺灣籍僧尼的應邀來馬講課，是印順佛學思想傳播開來的主要推動力。在這方面，繼程法師的馬來西亞佛學院課堂講授，以及臺籍知識僧尼在一年一度的馬來西亞高級佛學研修班密集講課，在知識佛教圈掀起了學習印順佛學思想的風氣。經過1980年代的推動與學習之後，才有緊接著的中觀典籍研讀課程的設置。在馬來西亞佛學院而言，自1988年以降，在高段班開授中觀系統課程的，都遲至2007年之後，才有馬來西亞籍主講者參與中觀課的講授。

從《妙雲集》的推廣到中觀課程的設置並持續受到學員的歡迎，標誌著印順佛學思想在馬來西亞漢傳佛教界傳播及其影響的逐漸深入，進而從通貫性的佛教史與佛學專論研讀進一步涉入思辯性較強的思想理論專研。中觀思想的追慕與接受，也標誌著印順佛學思想在馬來西亞漢傳佛教界知識圈影響的深入，這是1990年代以來逐漸形成的現象了。

參考文獻

一　專書

鄧子美、陳衛華、毛勤勇合著:《當代人間佛教思潮》,蘭州:甘肅人民出版社,2009

龔　雋、陳繼東著:《作為「知識」的近代中國佛學史論:在東亞視域內的知識史論述》,北京:商務印書館,2019

侯坤宏:《論馬來西亞近代漢傳佛教:一個局外人的觀點》,香港:香港中文大學人間佛教研究中心,2021

江燦騰:《臺灣佛教與現代社會》,臺北:東大圖書公司,1992

江燦騰:《臺灣佛教史》,臺北:五南圖書出版公司,2009

開諦法師:《南遊雲水情:佛教大德弘法星馬記事》,檳城:寶譽堂推廣教育中心,2010

李豐楙等主編:《馬來西亞與印尼的宗教認同:伊斯蘭、佛教與華人信仰》,臺北:中央研究院人社中心亞太區域研究專題中心,2009

印順法師:《平凡的一生(重訂本)》,竹北市:正聞出版社,2005

鄭壽彭:《印順導師學譜》,臺北:天華出版事業公司,1981

周貴華:《「批判佛教」與佛教批判》,北京:中國社會科學出版社,2018

莊　明:《空與解脫:印順中觀思想與漢地佛教的轉變》,臺北:文津出版社,2015

二　論文

陳秋平:〈人間佛教在馬來(西)亞的傳播與發展:以太虛大師及他的學生在馬來(西)亞的活動為研究脈絡〉,《世界宗教研究》2009年第3期,頁31-37

陳秋平:〈「知識佛教」與馬來西亞華人佛教的轉型〉,《人間佛教研究》第10期,2020,頁180-207

杜忠全：〈馬來西亞漢傳佛教教育的幾種形態：以馬來西亞佛學院為主要考察
　　　對象〉，收入杭州佛學院編、光泉主編：《吳越佛教（第十二卷）》，
　　　北京：宗教文化出版社，2017，頁30-39

杜忠全：〈唯識學在馬來西亞漢傳佛教界的傳播〉，收入釋光泉主編：《唯識
　　　研究（第六輯）》，北京：商務印書館，2019，頁454-468

釋繼旻：〈白聖法師與馬華佛教：開啟臺馬佛教邁向全球化〉，《臺灣宗教研
　　　究》第17卷第2期，2018年12月，頁41-60。

釋顯性、鄭庭和：〈馬來西亞佛學院之組織與發展（1970-2019）〉，《馬來亞
　　　大學華人文學與文化學刊》第8卷第1期，2020，頁25-45。

廿世紀卅年代馬華文學附刊呈現的「外在」社會現象

——以《荒島》為例

黃琦旺[*]

摘　要

　　馬華文學在20年代末，尤其是1927年到1930年代，相對於僑民文學意識，出現了青年創作者第一次的在地文學自覺，用當時的話語既是「文藝狂飆的時代」（黃振彝，1927：〈荒島〉35）。楊松年在他的馬華文學研究上也曾特別標識這三年的創作現象，集成《新馬早期作家研究》等書。就文學史的觀點，一般認為這個時期嘗試在1927年以前僑民意識以外建構另一種南洋風格，謂之南洋色彩，是新馬作家創作的新意義（楊松年，1988：7-8）。就新加坡國家圖書館及國大圖書館舊報章掃描版的便利，以及在馬華文學課堂上看多了這個時期的作品，感覺到這個時期具備的創作自覺性是非常特殊的，如果前人已經在文學史的觀點上整理出其時的歷史意義，本文就嘗試更進一步從其自覺性的內容上思索這所謂「南洋色彩」的「外在」意義：其表現的情感特徵與其實踐性呈現了怎麼樣的社會現象。這個時期的附刊雜誌是空前的繁雜，除了當時數一數二的報章之外，還有各地的校園附刊，本文依據《新馬早期作家研究》矚目的附刊，以《荒島》為主要討論對象、從此附刊「身體」和「空間」轉移的母體，再擇出《洪荒》、《文藝三日刊》諸子有關的主題所標誌的風格基調及其意識，探知這些狂飆青年嘗試建構與面對的社會情狀。

關鍵詞：馬華文學、南洋色彩、附刊

---

*　南方大學學院中文系副教授。

前言：民國前馬來亞報刊情態略述

　　馬來亞華文報刊的緣起和發展可以用1843年鴉片戰爭結束做一分水嶺。1815-1821年倫敦佈道會傳教士米憐（William Milne）《察世俗每月統記傳》到1828-1829年基德（Sameul Kidd）《天下新聞》，1837-1843年荷蘭傳教士郭士立（Karl Gutzlaff）《東西洋考每月統記傳》[1]，這一個階段的報刊是以西方傳教士為主和商業團體為輔，目的一方面嘗試解除「中國人的智力在過去兩千年，始終被陰暗和枯燥單調的一致性所束縛」（陳蒙鶴，2009：頁7），另一方面則要讓一再稱他國為蠻夷而顯示自己為世界中心的中國「認識到我們的藝術、科學和道德準則，從而消除他們那種高傲和排外的想法」[2]（陳蒙鶴，2009：頁10）。

　　十九世紀末亞洲的全球力量重新配置，輪船技術的革命性發展和第一次鴉片戰爭改變了「中」國為中心的格局。清政府取消了對私人海外出航的帝國禁令[3]，導致了中國勞動力的空前流出和「僑商主義」在國外的擴散。這導致南海與中國產生了全新的遷移模式：循環流徙或多次定居和回返在這一時期的趨勢，遠遠超過了永久移民。新加坡和馬六甲停止了的「報刊出版」於1887年之後，受香港和中國新興的報刊事業影響，首先由在地僑商薛有禮興辦了《叻報》（1887-1911），跟著1890年林衡南《星報》（1890-1898），邱菽園、林文慶等知識分子參與的《天南新報》（1898-1905），《日新報》（1899-1901），商人張永福《圖南日報》（1904-1905），商人朱子佩後成保皇派喉舌即有《南洋總匯報》（1908-1911），相對的又有同盟會喉舌《中興日報》（1907-1909）以及《晨報》（1908-1909）。這個階段更可以說是移民

1　這份雜誌實於1833年先在廣州出版。

2　普立頓（R.S BRITTON），《華文報刊匯編》（*The Chinese Periodical Press*, 1800-1912），上海，1933，頁23。轉引自陳蒙鶴著，胡興榮譯《早期新加坡華文報章及華人社會》，廣東：廣東科技出版社，2009。

3　1717年（康熙五十六年）至1727年（雍正五年）十年間禁中國人出南洋。乾隆二十二年後的1757-1840年則有「一口通商」之制，允許在南洋的一些西方殖民者到閩、浙、江海關貿易。

潮情境中，華僑社會氛圍的建立，其中愛中國的意識與在僑居地或扶持朝政或支持革命是報刊的主要目的，據陳蒙鶴的研究：新聞的報導十分粗糙，甚至道聽途說以致可以刊登迷信的謠言（陳蒙鶴，2009：頁35-37），主要的作用仍然多在商人與新舊知識分子的群體中。然而這些報刊正是影響馬來亞在民國成立後的華文教育和馬華文學的濫觴。其中對文學產生影響的就是邱菽園《天南新報》的欄目設有文學專欄，刊登他與其文學會及當時文人的詩和小品[4]，他也於1900年創立道南文社，鼓勵白話文論時政。實際上，早於1880年清政府開始關注華僑群體，派遣領事到新加坡，第一任左秉隆即推崇古典文學，並按在地的語言需求設立文藝社[5]，第二任黃遵憲的「圖南社」更繼續積極推動，這時期的報刊自然的亦極力配合。然而，這些報章僅限於一張新聞紙的格局，所載多為社論加上皇帝詔書、社會閑談和奇聞匯集（陳蒙鶴2009：頁99）。

　　第一次世界大戰及民國的成立，促進1920年代移民的高峰，往返中國及自由移動[6]（social mobility）到其他地方的便利，使南洋短期的就業機會成為吸引力。移動的契機和新形態構成了南洋與中國之間的經濟、文化、教育

4　可參考高嘉謙著〈詩、帝國與孔教的流亡〉，收入《移民、疆界與現代性》，新北市：聯經出版社，2018。

5　左秉隆1882年創辦雄辯會鼓勵以英文論述，宋旺相認為這是海峽華人首個文藝社。宋旺相著《新加坡華人百年史》（*One Hundred Years of Singapore*），Singapore: University of Malaya Press, 1923，p209.

6　借用西方社會學家的社會移動（social mobility）：人的移動——尤其是知識分子的移動，從一戰後的現代社會開始，誠然就是族群在解體過程中社會重組的新型態，人成了最直接的傳播、引進和輸入新文化的媒介。而南洋群島——小島和大洲，相對於北面的中國大陸，彷彿棲息在岸邊的大小船隻，一方面乘載五四學人往來西方，一方面就其地理位置的特質也作為中西兩方政經文教交替會合的轉換地。因此，南洋華社除了由大量的華裔移工組成，1920到1948過客來居的文人異常踴躍。從1881年的叻報開始，踴躍辦報、出版副刊雜誌，辦學（包括方言與白話文的學堂）和組織意識形態不一的社團工會，離了現場的五四文人似乎在南洋群島進行許多文化複製。就二戰前的馬來亞華文文學來說，「五四」像神話裡的大澤，馬華文學履此大澤孕生。黃琦旺〈移動的主體性〉，刊於《學文》2020第期（總第18期），2020年10月15日。

和政治網絡的建立。按貝納子（Brian Bernards）《書寫南洋：中國文學及東南亞後殖民文學中的南洋想像》的觀點，中國僑民在南洋的遷徙群體已有了以下的結構：首先是現代史上熟知的「文盲」移徙工人或「苦力」，其次是殖民地東南亞經濟的僑商和大資本家及其智囊團、學生、教師、新聞工作者、作家、政治改革者，各自持不同議程，意識形態和世界觀和政見。這個階段的海外華人，延續二十世紀初的情態，思想上不受制於中國官方組織，用陳蒙鶴的說法既是：海外華人社群中，所有人都走上了自己的道路，追尋著不同的結局……她引了當時《新加坡自由西報》（*Singapore Free Press 1854, 1887-1911*）編輯1909年對華僑的評論：

> 除了中國官方的態度改變外，移民本身也發生了改變。苦力雖然仍如從前般，但那些二十年前離開中國，在殖民地定居並嚐到了知識之樹所帶來果實的人，已不再滿足被視為遭祖國遺棄的人，或只是被所在地容忍居留下來的外國人。他們的後代在較父輩更廣闊的環境下成長，並且接受教育，能夠將自己和其他民族的成員作比較，不再安於沒有公民的權利，不斷的屈從，並卑微地接受脆弱的基本權利。（陳蒙鶴2009：頁122）

以上的觀點或可以作為1911年之後這個階段的報章的取向和特徵。報刊有版位，跟目前報章的格局接近，新聞範圍經過電報和郵訊不但擴大，也因新聞人員注重嚴肅客觀和事實根據的報導，而有了相當的效率和規模。1912年到1945年時期的重要報章有《叻報》（1887-1935）、《新國民日報》（1919-1928）、《南洋商報》（1923）、《檳城新報》（1895-1941）、《光華日報》（1911）、《星洲日報》（1929），這些報章所轉換的規模實際上也透露了「南洋華人社會」開始與前一個階段相悖的跡象。本文的著重點不在這個時期複雜的報章網絡，而嘗試以20年代末30年代報章的「附刊」現象，這一個屬「文藝」表現的較小範圍，來探尋這個現象的「外在」意義。

一　馬來亞華文報章廿年代末以迄卅年代的附刊與其時代的「南洋」詮釋

　　馬華文學戰前20年代的發表空間以報刊為主。戰前25年的文學發展已經由方修及楊松年在某種程度上作了完整的整理。按照楊松年的概念從1917年至1942年分作四期（楊松年，2000），略述如下表：

分期	主要的副刊及附刊
1. 1917-1924年萌芽期——此一階段聯接中國五四新文學運動的餘波，作者多以白話文作為表達情感的工具，因此刊登的文章「文白雙兼」。文章內容多強調：科學、民主、反對封建，侵略的社會思想。	・叻報《文藝欄》 ・新國民日報《新國民雜誌》 ・南洋商報《商餘雜誌》、《學生文藝周刊》
2. 1925-1931年擴展期——楊松年特別強調這個時期的活躍，青年組組織成不同的文藝陣營，跟報刊商借副刊版位，編選刊載文藝作品，大展身手。這些附刊版面乾淨樸素，內容清新剛健，充分體現新文學的時代精神。作者和文章呈現一個熱鬧的場面。重要作者有陳桂芳、楚卿、郭樂仙、玉貞女士、李西浪、林櫸生、林獨步、拓哥、譚雲山、周鈞、鄒子孟、段南奎等等。 　　新近作家：蓉女（寶秦白）、張放、王元良、曾聖提、曾華丁、熹然、張金燕、黃振彝、法雨、L.S.女士、鄭文通、何采菽、陳鍊青、袁虹、張楚雲（郁如）、何暢秀、巨	・新國民日報副刊《新國民雜誌》、《小說世界》、《婦女世界》、《詩歌世界》、《戲劇世界》、《沙漠田》、《浩澤》、《南風》、《學生文藝叢刊》等等 ・叻報副刊《文藝欄》、《叻報俱樂部》、《星光》等等 ・南洋商報《新生活》、《商餘雜誌》、《學生文藝周刊》 ・檳城新報《小說》 ・光華日報《華僑俱樂部》、《筆餘墨瀋》、《光華雜誌》、《明新周刊》、《絕緣迴線》等至少十四種 ・1927年出現「附刊」 　-新國民日報《荒島》、《綠漪》等至少十種

鱺、曾玉羊、吳仲青、紫微、黃征夫、連嘯鷗、流冰、依夫、吳藝草、曾銳、汪開競、朱冷夫、溫志新、陳舊燕、林姍姍、一工、冼凡、文子慧（文陶）、林雪棠、陶醉、幽野山松、楊實夫、孫藝文、饒百迎、李樹梧、幼青、逸凡、黃亮、羅道雲、一萍、許陽山等人。	- 南洋商報《洪荒》、《文藝三日刊》、《曼陀羅》、《壓覺》等 - 叻報《椰林》等至少四種 - 星洲日報《野葩》、《繁星》等至少五種 - 民國日報《新航路》等至少兩種。 - 總匯日報《總匯副刊》 - 南洋時報《綠洲》、《荔》等至少廿種 - 檳城新報《椰風》、《狂濤》等至少七種 - 中華晨報《南針》、《羔吪店》 - 益群日報《枯島》
3.1932-1936年為低潮期——普遍認為馬華文學曲折的發展期。新的作者輩出：如邱仕珍、王哥空、許俠夫、紫曦、冰人、羊羽、饒子鵑、李潤湖，王彙東等等。	• 星洲日報《文藝週刊》、《晨星》， • 星中日報《星火》等等
4.1937-1942年繁盛期——中國因七七事變掀起抗日救亡運動，寫作熱情為之高漲。英殖民地在言論自由上有一定的放寬。戲劇運動在此時空前蓬勃，各種思潮流派的文藝工作者，通過不同形式，高度表現出他們的才能，形成百花齊放，多姿多彩，恢廓健旺的氣象。作者有英浪、金丁、張一倩（論文）；鐵抗，金枝芒，上官矛（小說）；羅朗、劉思，西玲（詩）；如舊、雲覽、傾鳳（散文）；吳天、流冰（戲劇）等等。	• 南洋商報《今日文化》、《南洋文藝》等等。

　　楊松年在此分期中把擴展期和繁盛期定為馬華文學發展的兩個高峰，也特別推崇擴展期1927年到1930年**附刊作家**，認為「那是一個提倡文藝必須具有南洋色彩與新興意識的時期」（楊松年，1988：頁1）是新馬文壇所未遇過的「空前的熱鬧」。之所以會如此空前的熱鬧，**那是因為當時可以商借報章的副刊版位**；加上來回南洋和中國的年輕知識分子多了，思想心態有所轉變，夥同新馬出生的中學及大學生，很快就有**自組的團體以借來的版位，自己編選刊載文學作品，一抒他們在那個時代的滿腔文藝熱情（就《新國民日報》來說，這一份報刊就具有不同領域的7種附刊）**。這些團體的成員有些甚至是中學生，但對應當時的文藝精神，大多持著給海外華社在知識、文化與文學意識上作墾荒的工作。曾聖提、華丁兄弟，汪開競，張金燕等文人組織商借《南洋商報》（附刊如《洪荒》、《曼陀羅》），《南洋時報》（附刊如《玫瑰》、《八月》、《荔》、《微光》、《荒原》），《新國民日報》（附刊如《荒島》、《綠漪》、《瀑布》），《叻報》（《奠基》、《流產》）版位自行編輯文藝園地。這一些新墾的園地其實頗奠定了日後文學上的現代性。〈墾荒〉發刊詞：「橡林裡偶爾透出一絲絲的微光，椰林下只印著漆黑團團，看不見月亮，只有椰梢橡隙裡微露著幾點疏星，棲息於斯的人們，有的甜蜜地睡著，有的只是躑躅而彷徨。也許有時發出些微的聲響，鼾息畢竟是掩著了伊人的悲涼，隱蔽了伊人的痛創。」（楊松年，1988：2-3）如同Octavio Paz（1914-1998）曾界定一個「現代時期」，他定義為「一種產生於叛逆精神的批評時代」（Paz，1976：頁137），這個時期的文藝表現雖未至於有第二次世界大戰後後殖民時期的「叛逆」，但卻對於殖民地經濟剝削的種種現象（包括僑商）予以強烈的關注。若回溯晚清孫中山在南洋進行革命活動，18世紀末在新馬報章影響下的新式學堂和白話文的流行來談馬來亞的現代性，我們可以假設馬來亞華文文學在它特有的模式中，打從這些附刊開始，已經在進行著一個南洋文學語言的詞語序列（The order of words）[7]。

7　弗萊（Northrop Frye, 1912-1991）的文學批評有一個很重要的概念，認為想像力造成同一系列依次相牽連的詞語效應，產生同類型的意象—象徵—隱喻—原型。弗萊認為，

　　若從前言所敘述的十九世紀末葉的報章形態來看，1927年到1933年這一段可以說是廿世紀馬華社會另一個嶄新的局面，它繼承或延續上一個階段新馬地緣構成的自覺性的華人社會新形態，更直接且更自覺的把屬性在地化。張金燕[8]在《荒島》第十期的一篇文章〈南洋與文藝〉強調**「南洋色彩」**，有一段話相當有趣：「我雖然不是完全一個飄蕩南洋有名的馬六甲海峽的椰果，但是未學成時已在無野狗患的鄉土『S埠』培植到鬍子刻滿嘴唇；黃河泥色的滔水，又雖未浸染過，但我的皮膚遺傳著祖宗舊衣裳，而黃薑、咖哩，把我腸胃腌實了，因此我對於南洋色彩濃厚過祖宗的五經，飲椰漿多過大禹治下的水了。」這幾乎證實陳蒙鶴對1912年後報章的稱譽：為塑造新加坡華人的思想觀念而努力。「南洋色彩」的附刊群體，用文藝的表現恰恰是要在當時的報章主體意識以外，對於殖民地經濟剝削的種種現象進行相當規模的批判。

　　《書寫南海》的緒論在形容戰前馬華社會構成之際，提出了中國大陸的歷史學家將大規模流亡定為「民族屈辱世紀」（百年國恥）的副產品，從鴉片戰爭到1949年中華人民共和國（PRC）成立以前被西方帝國主義（日本緊隨其後）掌控。只有國家因擺脫貧困和政治混亂而解體，才能促使人們放棄祖國，進行潛在的危險的海外航行：即使人們懷有在情況改善後返回家園的希望，這種可能性卻是無法保證的。（貝納子2015：前言IX-X）

　　然而，現代歷史上絕不是對民族受難和屈辱的敘述。貝納子認為**這也是一個華裔定居者的殖民主義故事**[9]，其形成者是中國（清朝之後民國繼承之）和上海，香港和東南亞的殖民地和半殖民地地區的商業和工業企業以及亞洲

文學的原型是存在的，作為詞語的序列，它為批評提供了概念框架和知識體系，這些體系和思想並非源自意識形態系統，而是源於想像力本身。

8　張金燕的生平在許多資料都有記載，這裡用楊松年先生的記錄。張祖籍廣東省，1902年出生新加坡。是少數土生土長的作者。幼年就讀英校，後轉到養正學堂，後因學校搬遷又轉到養正學校夜間部讀七年制的高小。離校後當裁縫及一些工匠、監工和簿記的工作。《荒島》停刊後即停筆，1932年又跟友人辦通俗性刊物《常識小報》。1967年跟苗秀等再辦文藝雜誌《新野》。1980年去世。

9　It is also a tale of a Chinese settler colonialism.

的西方帝國政府之間的經濟合夥。在馬來亞，婆羅洲，爪哇和暹羅，中國商人創造了一個商業的**針尖市場**（Niche Market）[10]（在某些情況下是壟斷）（貝納子2015：前言X）。

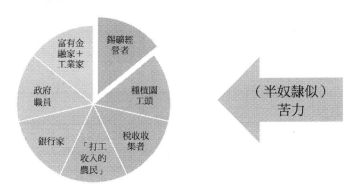

圖一　上圖顯示尖針市場的壁龕組合，壓榨苦力是完成其圈子連環暴利的主力

中國商人與僑商的興趣不是塑造帝國，他們在控制西方帝國權力和管理東南亞殖民地經濟上起著中間人的關鍵作用。從20世紀中葉開始，這種複雜的殖民歷史深刻影響了東南亞地緣政治中民族解放運動以及發展計劃的軌跡。以上的觀點，幫助我們理解，馬華文藝在書寫南海（東南亞）的意義，對於「南洋」這個詞語的詮釋和話語權的抗衡。按貝納子的詮釋：

> 南洋不僅作為中國海外移民和定居者在南方的目的地。這個特定的詞語映射了一個網絡，即文化、政治和經濟交流的列島。**想像南洋要記住遷徙的通道**，想起這種通道所促進的龐大的文化交流群島網絡，並解決該網絡在中國和整個東南亞所產生的持久殖民遺產和後殖民影響。在西方帝國主義和亞洲現代民族國家形成的背景下南洋的中國移民，

---

10 也被譯成壁龕市場、利基市場或縫隙市場。Niche有「適當位置」或「所在」的意思，在商業上這些尖針市場都是很小眾的市場，但卻是一個足以讓白手興家者立足而展開其市場網絡的基點。馬來亞時期的礦業、農產業充滿這樣的縫隙和「壁龕」，讓僑商立足、「祈福」以在亞洲商業圈佔一席之地。這裡當然涉及精英分子與投資者之間的密切合作。

定居和跨文化交流在該地區的文化和地緣政治景觀上留下了不可磨滅的烙印，塑造了其後殖民文化和文學敘事。（貝納子2015：前言Ⅹ）

1927年後的「南洋色彩」的文藝思潮及開墾的附刊潮流正是循著「想像南洋」記憶通道的文學敘事。

二 從「壓覺」與「絕緣迴線」認識南洋色彩的審美意識

楊松年的研究，使熟悉馬來亞華文文學的學者沒有不知道「南洋色彩」的主張和這個主張下的作家群。他甚至點出了他們作品的重點——有某些特質是頗具有現實批判的，緊抓20年代末30年代華人移民的五個主題：

……暴露舊式買賣婚姻的痛苦，封建社會婦女地位的低落，被販賣南來的豬仔的非人生活，流浪者內心的彷徨與離鄉思母懷友的憂傷，基調較高吭的，則歌頌天的崇高，海的偉大而要把自己的心結成汪洋萬里的海潮，而用火種來溫暖整個世界。（楊松年，1988：4）

這或者就是他們被文壇注意的「有南洋意義」、帶左傾的「新興文學意識」；但如果把視線轉移到他們在本地各大報章主持附刊染上的「色彩」，會發現用以書寫這些母題的形式和所主張的文藝概念實際上才是這些作家群該被注視的，他們用文藝的表現，在當時的報章主體意識以外，對於殖民地經濟剝削的種種現象（包括僑商）予以強烈的關注。循著「想像南洋」記憶通道的文學敘事，所思索的與其說是殖民的「南洋」的剝削，不如說是指稱朝向「殖民主義」的東南亞尖針市場形成的社會的合理化形態，這樣的敘述深具現代性的審美焦點。從1927年張金燕在星加坡《新國民日報》的《荒島》開始，後有星加坡《南洋商報》的《洪荒》和遷移到檳城《南洋時報》的《洪荒》，吉隆坡《益群報》的《枯島》，他們多以「墾荒」為所主持的附刊命名，突顯身處文藝「蠻荒」的情境。作為各主要城市的知識分子，這些

南來和在地作家相融的群體，有一個耕耘「南洋文藝」的共識，在書寫上以蕉風椰雨和熱國的南洋景物與氣候進行時空挪移，予以異域「蠻荒時空」戮力的文藝構建，呈現有別於北向的新文化與新文學：「用血汗鑄造文藝的鐵塔」（曾聖提）。從書寫實踐上來看，我們可以看到這些作品在語言（不避方言也擅用雅言）修辭（秀麗而雕琢）和題材上聚焦於當其時移民的存在困境，不無鮮明的現代精神，充分展現「個體挫折的、異化的、不斷的對自我進行抗拒的詞語序列」。

方修《馬華文學大系》批評他們的詩為唯美主義（文字幼稚，不堪卒讀），只認同曾聖提「鑄造南洋文藝的鐵塔」和某些具有新興文學意識的作品，產生了優秀的小說並接受某些訴諸存在意義的詩表現出「揭露殖民地人民」的悲慘境遇。（方修，1982：頁11-13）實際上縱觀《馬華文學大系》1927年後的選篇，不管詩歌、散文還是小說，如果不選鼓吹南洋色彩作家的作品，審美取向可以說就乏善可陳，趨向單一化了。為此，方修在每一種體裁的導言上還得特意對所選作品加一些不符合主流、自然主義、唯美風格的譴責。換言之，馬來亞華文文學的可觀性和多樣性（如果不說主流），不可否認的是表現在1927年到1930年高喊南洋色彩，進行「浪漫主義激情」（楊松年，1988：104）書寫的這些「墾荒」的作品上。

在這些副刊編輯群和作家群當中，如果不是「受當時濟南慘案的刺激」（楊松年，16）而形成另一股新興（寫實）文學，南洋色彩的審美意識，尤其是《洪荒》、《文藝三日刊》如曾聖提[11]、張放、竇秦白、曾華丁[12]、汪開

---

11 曾聖提：1901年出生於廣東省饒平縣鳳凰鎮，原名曼尼。小時候在私塾念書，後來在廈門集美學校接受中學教育。1922年南下新加坡，在道南學校任教員半年後回上海。他受泰戈爾的感召，1925年赴印度在泰戈爾創辦的國際大學求學。在印度期間，經友人的介紹，他成了聖雄甘地唯一的中國學生。聖提（Shanti）這個名字就是甘地為他起的，是梵文「和平」的意思。1927年回新定居，陸續安排弟妹南來。他參與多家華文報刊的創辦工作，如《南洋商報》、《電訊新聞》、《現代日報》等。他在《南洋商報》擔任電訊翻譯與副刊編輯期間，和他的弟弟華丁、玉羊及朋友積極提倡文藝。先後在該報創設《洪荒》、《文藝週刊》等副刊。取自：https://www.xinjiapo.news/news/43368 另參考楊松年1988〈以血與汗鑄造南洋文藝鐵塔的曾聖提〉，頁38-52。

競諸子，從純文學出發的創作和理論，或許會在30年代激發起現代性的美學觀。其中特別堅持的是曾華丁，這可以在他1930年主持的《光華日報》嚴格意義的純文學副刊《絕緣迴線》和《南洋商報》副刊《壓覺》倍具現代性的兩個奇異的文藝美學看出：

> 從它納入史流的輪道之日起，我們決定將我們的「力」來充實它，用社會的香氣來滋養它，使它如同一根生活在磁場裡或電流的輪道裡的真實的絕緣迴線，生活在我們的「力」和社會的香氣的中和的氛圍氣裡，同時又希望它的電磁般的或種的功能在史流的推進的實踐中成為一種有用的力量。

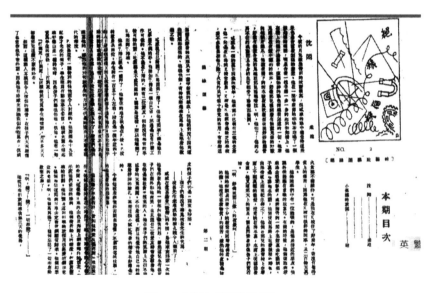

圖二　副刊《絕緣迴線》

12　曾華丁：曾聖提之弟，20年代隨聖提赴新加坡，更隨之在《南洋商報》服務。協助編輯《洪荒》並提供大多稿件，後陸續負責檳城《南洋時報》《洪荒》。1930年在《光華日報》主持16期的副刊《絕緣回綫》，後返新加坡負責《南洋商報》第一個純文藝副刊《壓覺》，共24期。與其兄長一樣，擅長寫探討人性與社會現實的小說。參考楊松年〈要把文學納入史流的曾華丁〉，1988，頁103-114。

在這馬來人的「距浪」鼓的悲啼中幸然誕生的《絕緣迴線》，它是純
文藝的週刊，並且也可以說是幾個游離在舊社會的屍骸中的無產者的
一部分的意識形態的闡現。

……我們知道我們個人還是社會裡的一個生物，因之都會感覺，因也
綜合一些感覺的總和，畫下一些龍虎。(《絕緣迴線》1930：創刊號小
引）

所謂《壓覺》：

對皮膚關節或口蓋鼻腔等處施以壓力時，則起感覺。生此感覺之點，
名曰「壓點」（Pressure Spots）。對於壓力的感覺，名曰「壓覺」
（Pressure Sensation）人身各部不等，壓覺之性質常因刺激物壓力大
小而異，壓力小則生微癢，稍強即生壓覺，過強則生痛覺。(壓覺，
1930：創刊號代序）

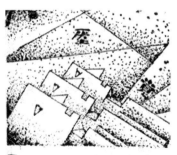

圖三　副刊《壓覺》

　　楊松年認為〈壓覺〉表示了「編者希望所發表的文章，不是個人呻吟，也不是強烈的革命意識，而是人們面對艱難生活的不滿」（楊松年，1988：107），或可借羅蘭巴特1970年代末的攝影觀「刺點」（Punctum）來穿鑿「壓覺」被提出的意義：曾華丁更想強調的是當時存在的艱苦和複雜在人所可意料之外，所收的作品雖然不是大文章，但卻可以對那個時代親身歷練的個體產生各種「壓點」，就這一個意義上看到南洋純文藝的必然性。這個必然性強調了與「舊社會的屍骸」隔離，如〈絕緣迴線〉的文學主張——建構個別的輪道／回線（Cycle），用的是我們的（生物的生命）「力」和社會的香氣融合成的氛圍。這幾乎又跟法國象徵主義的「通感」（Synesthesia）一氣，跟「壓覺」的意義一樣表明處身在異域中慣常的「難以表明」之物境。就其以「物理學」的術語來為純文藝副刊命名的觀點之抽象，實難將他排除在現代性的進程之外。這些概念幾乎可以是很雛形的把自身從僑民意識、民族主義隔離、斷開的審美意識，是深具現代意義的浪漫美學。

　　報章文藝附刊的南洋色彩「運動」，浩浩蕩蕩不過五年，開始不久就適逢五三慘案及抗日渲染成的偏左的大語境。1929年〈荒島〉停刊，因為被誣以莫須有的政治罪；〈洪荒〉被報館的「肥腦袋」（洪荒，1928：27）擅改版樣以圖索取刊費，1930年這個作者群主持下的附刊也都全部停刊。標榜新興文學的《椰林》和《枯島》，作品雖寫實卻也抵不過抗日和左翼這一雙翅膀的遮掩。無論如何，時空斷開但色彩的特殊模式和美學觀念仍啟發了往後馬來亞華文文學。

三　思索南洋色彩的自覺性產生的「外在」社會現象

　　依據前人在文學史的觀點上整理出這個時期的歷史意義，突顯了其中所具備的非常特殊的創作自覺性，本文就嘗試進一步從其書寫內容思索這所謂「南洋色彩」的「外在」[13]意義：其表現的情感特徵與其實踐性呈現了怎樣

---

13 外在思想：本文借福柯（Michel Foucault, 1926-1984）和布朗肖（Maurice Blanchot,

的社會現象？這個空前的繁雜的附刊雜誌時期，除了附屬在數一數二的報章之外，還有各地的校園附刊，本文將依據《新馬早期作家研究》矚目的附刊，先擇出其中《荒島》所標誌的風格基調及其意識，再以《文藝週刊》裡具相似「移動身體」母題的作品，探知這些狂飆青年嘗試建構與面對的社會情狀。

（一）《荒島》[14]——書寫一個因移動而重生的身體思索

　　《荒島》1927年一月在《新國民日報》創刊，直至1929年停刊，共57期（搜索得50期）。《荒島》諸子，主要有六人：朱法雨（中學生）、黃振彝（上海南來的大學畢業生）、張金燕（裁縫）、LS女士[15]（中學生）、小彈和曙光。附刊發起人是朱法雨，再由黃振彝說服高中畢業後做裁縫的張金燕，加上努力組合稿件的LS女士（撕獅1927：《荒島》，35），一起浩浩蕩蕩編輯了兩年九個月57期的附刊。附刊版位開始只有一頁，後來增到兩頁，跟日報的其它正版不同，它是縱向的。欄位共分開場白，散文／雜感時評，小說，白話詩，瞎三說四（海外信息點評）和餘聲；依序散文時評瞎三說四和餘聲是振彝負責，小說由張金燕負責，開場白雜感和詩歌由朱法雨負責，LS女士負責稿件的收集和校閱。（見附圖）

1907-2003）討論的la pensee du dehors（thinking from/of outside），嘗試對習慣了的內在性和中心語做一些乖離的論述。

14 以《荒島》為討論的對象也因為「南洋色彩」的概念是《荒島》編輯之一張金燕提出的。

15 LS女士很少被人提起，她的作品被同時期文人鄭文通肯定，稱她為「女士作家」裡最「鋒芒畢露」的。其生平較詳細的介紹則來自苗秀《馬華文學史話》。她原名鄧勵誠，參與《荒島》編委時還在新加坡讀中學。論文有提到她與福編的議論文章在《荒島》第20期刊登後「惹了麻煩」，某校的校長和老師對號入座不留情面追究到底，這件事導致了她被停學。不知是否因此她轉到半島的英校求學（TT女士《E學校的生活》1927：《荒島》24），轉學後她的作品偏於回憶往昔與親人的生活互動。感覺上風格不像前期活潑瀟灑，自由促狹，有逐漸憂鬱的傾向。《荒島》結束後一般相信她即在馬華文壇絕跡。

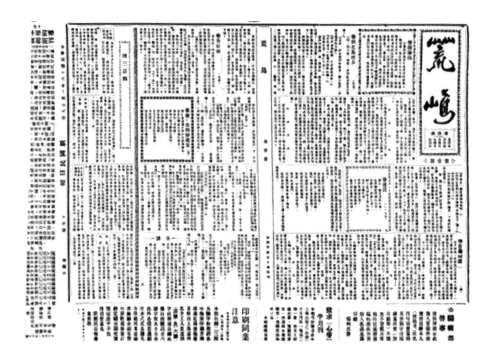

圖四　《荒島》第一期

　　這個編輯的組合跟同時期以學生為主的組合大不同的地方就是編輯裡有女性的加入。這可能是一個偶然，但也無意中構成了編輯組裡刊登男女作者作品的自覺，這一個特殊性質是《荒島》受矚目的地方。除了張金燕諸作家不斷以女性問題為小說主題外，寫作群體中難得出現的年輕女作家LS女士更是直接以個別的思想體驗為觀點書寫她眼中的社會（偶然出現的還有好幾位年輕女作家YS女士、KS女士、SK女士、MK女士、福編[16]）。在《荒島》的書寫氛圍中，兩性作家很有意思的表現出書寫的女性身體和女性的書寫身體的對照面，體現出兩種虛構空間的差異。但也因此帶來了一些大大小小的「騷擾」事件。《荒島》在第20期以後，兩位女作家的論述文章：福編的

---

16 閱讀福編的文章，這位作者應該是女的。但隱去性別。其他女作家一樣都用代號，但用女士來突顯女性的自覺性，頗具女性主義的意識。

〈怎樣的南洋女學生〉以及LS女士的〈怎麼樣的南洋的教員〉被文教界警告「騷擾」，LS更因此被停學。

為此，針對《荒島》的創作格調和其版位的編輯設計，並合所刊登作品的母題傾向，與其僅僅將之作為馬華文學相對於僑民意識的在地風格表現，意圖建構出文學史上的意義，不如循著創作主體的作品和言辭動機的想像一窺他們感知的身體經驗。有異於報刊的政經教育大背景大版位所呈現的華人社會導向，更多是從文學作品中人的自覺性來表現人的意義。

《荒島》第35期，張金燕自稱寫作是「漫浪」南洋，而附刊的版面則是他們生命認知的現實「荒島」（撕獅，1927：《荒島》，35），正如《荒島》創刊的開場白所謂：

> 在像黑雲滿布狂風暴雨的惡海上飄流著一隻破帆入水的木船，任意隨著浪波浮沉。偶然駛到一個人煙遠絕布滿獸蹄鳥跡的孤小荒島裡；既然是到了陸地，不消說那木船要大加條理經過了一番改革，就是那小荒島裡，也要多麼建設的工夫。我們相信我們現在的力量，只做得「具體而微」的工作，將來能否達到我們的希望，全持我們努力做去，我閱者的過愛幫忙呢。（朱法雨，1927：《荒島》，1）

跟這個時期狂飆的青年作家一樣，提出南洋色彩並非僅僅附庸蕉風椰雨的風雅，而是對南洋地方的社會現實著力關注：「寫南洋的「蠢蟲」和「僵屍」」（張金燕，1927：〈南洋的文藝〉）。但就題材的鋪敘和文字意識，他們大多展現了郁達夫似的浪漫格調。作為寫作者，如同「像黑雲滿布狂風暴雨的惡海上飄流著一隻破帆入水的木船」，幾乎有郁達夫「零餘者」的情狀。在這種漫浪南洋的氛圍，《荒島》諸子更開啟了獨特的格調。

不知道是否有意無意，《荒島》的主要作者所寫母題有百分之四十以上跟男女問題有關係。就那個時代而言，這樣的關注是適時的，也正是張金燕之所以加入《荒島》編委的主因：以關懷社會邊緣人物為南洋色彩的格調，這其中「不幸的女同胞們」就是最大的關注點。

男女關係在殖民意識的社會中，知識與科學的公共衛生領域的現代性觀念常會形成一些（因過分強調身體的生物性）恐怖氛圍，尤其在美國學者費俠莉（Charlotte Furth）所謂的19-20世紀殖民式的種族關系，以極度男性化（hyper-feminine）的非洲男人作為強暴者，或以極度女性化（super-feminine）的亞洲婦女作為誘人的蝴蝶夫人。[17]張金燕和黃振彝就常評論新的性文化、婚姻禮俗和道德觀的紛亂製造的矛盾，以至張認為高級知識分子用街頭來鼓吹低下層人的洩欲欺騙社會大眾（張金燕，1927：《荒島》，10）

二十世紀60年代開始，現象學討論的「身體」的概念，讓美學充分強調身體在多個層面的隱喻。身體（格調）表現了許多隱晦的、與社會文化、習俗有關的符號。哲學與文化的研究，越來越重視身體的感知、經驗甚至歷史。自然的，在華裔大移動的時代，移動的身體的感知和經驗都是特殊的，充滿衝擊的。呼籲「南洋色彩」青年創作的狂飆也是一種身體色彩的渲染，因為青春與成長，自身的感知與自由的建構就是關鍵點。張金燕的遣詞造句和修辭取向於是很常用生命的歷程來作為他理解社會／世界的隱喻，當他提出：

> 我雖然不是完全一個飄蕩南洋有名的馬六甲海峽的椰果，但是未學成時已在無野狗患的鄉土「S埠」培植到鬍子刻滿嘴唇；黃河泥色的滔水，又雖未浸染過，但我的皮膚遺傳著祖宗舊衣裳，而黃薑、咖哩，把我腸胃醃實了，因此我對於南洋色彩濃厚過祖宗的五經，飲椰漿多過大禹治下的水了。

這樣的修辭突顯了身體成長的感知和自覺，不是對祖宗不敬，而是「我的身體」的移動已經讓「我」沉浸在「南洋」，而自己的腸胃（生命的輸送管）完全受南洋的植物、香料所涵養了（幾乎要變成椰果了）。由此來看「南洋色

---

17 Medical historians considering the sanitation movement of the late 19th and early 20th century, enlist the body and the germ theory of disease to talk about modernization. Colonial race relations are expressed through images of hyper-masculine African males as rapists or super-feminine Asian females as seductive Butterflies. (Charlotte Furth 2009: pp.4-5)

彩」的意義，可知它的審美意識是帶著青春身體的成長歷練為目的的，字詞因此作為歷練的媒介或概念，嚴格來說其意義不在文學。《荒島》的形成，對編輯群體來說它幾乎是一個可以孕育新生命的「女性」，或因此「懷胎」和「女性」成了他們（尤其是張金燕）的敘事主體。以下從兩個特點觀之：

1 懷胎

就張金燕慣常的修辭表現，他形容《荒島》的形成是一種「孕」，編輯之間的互動是懷胎：

> 俊生曾幫忙荒島一下，不久，因生活問題與我們分手，再次帝奴君，
> 他是南洋多年前在新聞界的辯論界的老將，亦因經濟的問題，早在荒
> 島懷胎時分手。（張金燕，1927：《荒島》，35）

> 另一個編委小彈也在〈心潮飛沫〉一文中形容《荒島》雖然不是畸形
> 怪胎，但可謂為我們同志精靈所結合的嬰孩。（小彈，1927：35）

2 《荒島》的架構與男女作家

《荒島》有許多書寫女性命運的篇章（大多出自張金燕）[18]，與其說是婦女問題，仔細閱讀，可以發現其中走向是對現實社會的各個面向的認知：政經／社會／宗教與教育，而婦女在現代社會的養成更是其中的關鍵。這一切社會美學是一個成長的身體所需的現代化實踐。配合以上「孕育」、「懷胎」、「精靈結合的嬰孩」，我閱讀到的是一個現代化身體意識的新生命。《荒島》幾乎是隱喻帶新契機的身體，讓殘舊的木舟（華裔血統下的舊觀念舊思想）可以重生的島嶼。作為隱喻，那不止是一種空間的呈現，更是身體的實踐。仔細探索《荒島》編刊的整體性質，除了以上所說的船停泊島嶼的意像，其母題所及對孕育的」母親「相當注重，」回憶「當中亦多涉及母親而

---

18 這些篇章於1966年由新加坡青年書局出版為小說集《悲其遇》。

不是父親（唯一的一篇是朱法雨的詩〈紀念我的亡父〉），黃振彝更是向泉下母親討問，泉下與人間哪個地方對於一個生命體比較合理（黃振彝，1927：《荒島》，27），言下之意諷刺南洋現實社會裡討三四妻妾的父不如泉下母親一心一意作為一種表徵的好。這其中隱藏著《荒島》作為文學附刊的重生意識：如同布朗肖（Maurice Blanchot, 1907-2003）所謂的「深思死亡」進行「心靈轉換」，「這種變換直指向不可知的現代人的未來身體。」（布朗肖2003：137）

　　上文敘說了《荒島》編輯的母題傾向和其中對女性社會問題的關注以及男女作家的互動。在作家和作品之間，男女作家都在上所述現代的生命「轉換」觸及的身體實踐當中，但從男作家對現代「女性」意識的陌生感和自我情欲探視的焦慮感（比如朱法雨的作品類似郁達夫《沉淪》，因自我情欲和道德的緊張而產生憂鬱），頗表現出對現代身體的虛構意識中中國傳統身體意識的變相圖示。在傳統的身體觀念和殖民地的、西方的、所謂現代的身體策略之間，使這些年輕的創作者陷入（躲進）一種悲劇／浪漫美學之中。正如費俠莉理解中的中醫的身體碰上現代式競爭、革命物質體態的身體產生的異像：

　　　　中國醫學的身體觀都把身體看作整體，體現了心身一體的完美結合，人與自然和諧的理想，傳授了西方的男女所不熟悉的自我治癒和內心平和的秘密。但所有這些觀點都被相反的事實縈繞著：西方的身體觀存在身體和精神兩種解釋思路，客觀表現為通過現代科學的攝生法所體現的物質形態主體，並與達爾文的觀點密切相關——競爭、獨立、人類統治自然、歐洲統治亞洲。

　　　　所有這些東方身體的理想化觀點都建立在完全與殖民主義文化話語的對立面之上。它們奠定了亞洲人自我解釋的共同基石，因為中國人用宏觀陰陽二元論的思想方法去認識人體。按照分類來講，陰和陽可以與所有性質相反而又相互補充的現象相匹配，如光明與黑暗、白天與

黑夜、男性與女性、炎熱與寒冷，以及由此得出的無窮的類推。陰和陽可以辯證地解釋作為無限交替的、矛盾運動的產物變化和過程。毫無疑問，陰陽概念是中國宇宙論的基礎，而且也是中國本土研究身體觀著作的基礎，但是作為東方哲學，陰陽的浪漫色彩卻是建立在一元論和對多種意義的領域進行理想解讀的基礎上的。」（費俠莉，2006：9-10）

如果我可以這樣解讀的話，那麼《荒島》兩位最傑出的小說書寫者張金燕和LS女士的確站在兩種性別的現代立場上虛構他們的身體與性別。對《荒島》的男作家來說，似乎「性」既是「男方」，意味著主宰的一方；性有「別」，「別」既是「女方」，意味著命運。這或就是中國傳統「外」與「內」的性別觀念的變相。《荒島》女作家，作為現代女性則用自身熱衷於革命變革與社會參與，這樣的身體實踐正好印證女性在社會的從屬性，之所以有性別是因為「別於主」[19]，而LS女士的小說創作歷程則帶出了她在這樣的身體實踐上的憂慮。

（二）《文藝三日刊》吳仲青《梯形》

吳仲青跟南洋商報附刊《洪荒》、《文藝週刊》的編者、作者如曾聖提、張放、寶秦白、曾華丁、汪開競諸子一樣，作品多以當時社會低下層為對象。他們關注的不僅僅是寫實主義的「揭露生活」，而更深入到主體性的思考。吳仲青在張金燕之後寫的小說《梯形》有一段嫖客跟垂死的妓女的對話：

---

19 十九世紀始對身體的哲學討論亦常涉及性別。性別不是我們填表格的時候作為一種主體性差異，更多是一種標準，來自於文化宗教血緣鑒定的標準。「別」或者就意味著沒有主體「性」。之所以有這樣的想法，在我能閱讀到的有關性別的論文，都不是我預期中的討論差異的主客體，而大多在討論男性和性別的符號意識。除非是女性主義立場的文本，可是這是一種立場，不構成一種確切存在的肉身。

「你不是疲憊麼？少說些話，怎樣？」他打斷了她的話。

「不，一點也不。真的，七年不出柵，爬樓梯爬了七年。說是梯，那是一定爬得完的吧，而我似乎有不盡的梯級。竭盡全力，卻像體力強壯的勞動工人一樣，初時一晚就爬上八九級，或十來級不等；你試想想，永不盡的梯級，一個人有多少精神，終於只有三四級，也費盡力量了。恥辱的烙印，就是爬梯級的記號。倘若此時出門去，怕碰來碰去都是我舊日爬的樓梯吧！……」（吳仲青，1929：28）

很傳神的虛構了「性別」身體的密閉空間──構成沒有終極的梯形。楊松年評說：作者通過「梯」的形象，比喻主角翠英受到的環境壓抑，雖然不斷掙扎，但卻像梯一樣，一級一級地，無法達到梯頂的景況，予以打動讀者。（楊松年，1980：41-42）就上文所說的「東方身體的理想化觀點都建立在完全與殖民主義文化話語的對立面之上」，妓女與嫖客的陰暗以梯形象徵的身體的壓抑更影射移動的身體對殖民經濟剝削的思索和批判，從而展現出一種新的主體的自覺。

（三）《文藝週刊》華丁《五兄弟墓》

《文藝週刊》是未改名之前的《文藝三日刊》，同樣是曾聖提兄弟及其文友的文藝專刊。曾華丁的美學理念不僅僅只停留在知識的層面，他實際上也用自己的作品來實踐「壓覺」的美學。《五兄弟墓》可以說是一篇很能對應「壓覺」和「通感」的小說。楊松年認為這篇小說是「揭露」豬仔制度南下的勞工遭受壓迫，後憤起反抗的事件。（楊松年，1980：45）跟吳仲青《梯形》一樣，《五兄弟墓》不止在現實主義的「揭露」，它以死亡作為移動的身體的轉換。華丁在小說中定了一個公式：豬仔常年被當作畜養的「蟲子」被鞭撻虐待，那是畜生界；之後「秉著五把鬼的長舌似的鐮刀」提升至鬼界；

後來受刑完成義舉後更轉換為人之英雄[20]。如果說東方的身體概念具有「陰和陽可以與所有性質相反而又相互補充」，豬仔南來由「浮動地獄」（豬仔船）的引渡，這些移動的身體歷經上述華丁的「公式」轉換、重塑，視死如生。這樣的陰陽互補自我轉換的形式對殖民者「現代科學的攝生法所體現的物質形態主體」進行了非理性但合理的解構。

　　從《荒島》以及《文藝週刊》附刊的「身體」與「空間」轉換的母題的例子來看，它們表現了「外在」於我們在報刊上認識的社會意識。如同上文所述這一些年輕人「空前熱鬧」的寫作，其焦點放在對於「南洋」這個詞語的詮釋和話語權的抗衡。題材上聚焦於當其時移民的存在困境，帶著鮮明的現代精神，充分對「個體挫折的、異化的、不斷的對自我進行抗拒的詞語序列」的展現。這提醒我們馬華文藝在其時代的表徵，作為文學表現並不是與其社會意識形態並行，它具有一定性質的相悖意義——南洋色彩與其時代的華社的色彩的不一。對於貝納子所形容的東南亞華人社會的結構，華商與地緣政治所控制的社會予以詞語的顛覆。

餘論

　　比照於前言所贅述的馬華報刊的源頭——那個華人社會的構成：僑商、傳統與精英知識分子加上政治保守及革命家，如貝納子《書寫南海》整理的華人社會架構必須跟馬華文藝區別開來看，才能看到社會各階層的真實，以組構成一個比較逼近真實的南洋華人社會。楊松年整理出來的廿年代末以迄卅年代南洋色彩的母題：買賣婚姻、婦女問題（特別是妓女）、豬仔客工、流浪者（被驅逐或待罪出境者）以及因困境離鄉背井者，在很大程度上提醒我們在這個去除掉僑民意識的文學群體「空前的熱鬧」所要開墾的「外在」於報章所書寫的「華社」還有更多未被書寫的「現實」區塊。

　　馬華20年代末的雜誌附刊有太多等待探知的主體性。除了性別寫作，還

---

20 這篇小說渲染的氛圍幾近「宗教」起義，跟南洋一帶九皇爺祭祀的義士祭禮的情境相似。

有詞語的認知甚至於地方的空間的挪移。以上所述未必能如我所期待呈現出閱讀文獻時的驚嘆。但是對於張金燕所謂的《荒島》停刊和他的停筆因為他們的寫作「被加以政治性莫須有的罪名」，而他自己也「以為跟不上時代的巨輪，亂闖不如學習」。LS女士在《荒島》未停刊之前看起來已經心灰意冷（〈給暨大姐姐的信〉：《荒島》，43），把關注點轉到英語世界。那麼，留下的問題是：馬華作家中誰該做代表？那些沒有政治罪名的文學家？那些跟上時代巨輪的寫作者是誰？這些被停刊的園地和被停筆的創作者，當他們嘗試用文學對時代的各種問題與生命的認知做了那麼認真的思索卻被終止，是否如同被扼制的成長，形成了馬華文學的臃腫難進前的局面？而一個沒有文學意識的國家，會認真去思索人的主體性嗎？

參考文獻

楊松年著《新加坡早期華文報章文藝研究》，新加坡：教育出版社，1980。

方修編《馬華新文學大系》，新加坡：世界書局，1982。

楊松年著《戰前新馬報章文藝副刊析論》，新加坡：同安會館，1986。

楊松年著《新馬早期作家研究（1927-1930）》，香港：三聯書店、新加坡：文
　　學書屋聯合出版，1988。

楊松年著《新馬華文現代文學史初編》，新加坡：BPL教育出版社，2000。

陳蒙鶴著，胡興榮譯《早期新加坡華文報章及華人社會》，廣東：廣東科技
　　出版社，2009。

《新國民日報》（1-42）、《叻報》（43-50）《荒島》附刊（2022年7月25日瀏
　　覽）https://drive.google.com/drive/folders/1yBOBzN6Wcgy6nDDP4W
　　smcmzFURPfOCFy?usp=sharing. 資料來源https://eresources.nlb.gov.
　　sg/newspapers/

《南洋商報》《壓覺》附刊創刊號（2022年7月25日瀏覽）https://eresources.
　　nlb.gov.sg/newspapers/BrowseNewspaper/PreviewContent?pid=nysp19
　　300726-17&nid=nysp

《光華日報》《絕緣迴線》附刊創刊號，見楊松年著《戰前新馬報章文藝副刊
　　析論》，新加坡：同安會館，1986，頁150。

《光華日報》《絕緣迴線》附刊第二期（2022年7月25日瀏覽）https://digital
　　gems.nus.edu.sg/persistent/15340864-f0f7-40b1-9278-c14b7519271a

《南洋商報》《文藝周刊》12附刊華丁《五兄弟墓》（2022年7月25日瀏覽）
　　https://eresources.nlb.gov.sg/newspapers/Digitised/Article/nysp1929022
　　2-1.2.45.1

《南洋商報》《文藝三日刊》28附刊吳仲青《梯形》（2022年7月25日瀏覽）
　　https://eresources.nlb.gov.sg/newspapers/Digitised/Article/nysp1929050
　　7-1.2.66.1

〔法〕莫里斯・布朗肖著，顧嘉琛譯《文學空間》，北京：商務印書館，2003。

〔美〕費俠莉著，甄誠譯《繁盛之陰——中國醫學史中的性（1960-1665）》，南京：江蘇人民出版社，2006。

Charlotte Furth, *WHAT DO WE THINK WE ARE DOING WHEN WE DO HISTORY OF THE BODY?,* Doing Research on the History of the Body V.7 (OKT 2009) https://sites.google.com/site/charlottedfurth/recent-papers-2

蔣竹山譯，Charlotte Furth（費俠莉）：再現與感知——身體史研究的兩種取向，2016新史學（原文出處參序號8）（2022年2月5日瀏覽）https://mp.weixin.qq.com/s?__biz=MzA5Nzk5NzAzMQ==&mid=2651460535&idx=1&sn=1edfc631beb58ebcf80b319cdd05a425

Octavio Paz（奧克塔維奧・帕斯）（1976）〈從浪漫主義到先鋒派〉（Modern Poetry from Romanticism to the Avant-Garde），收入田慶生（譯）《文學與現代性》（*Littérature et modermité*）Yves Vadé（伊夫・瓦岱）（講演），北京：北京大學出版社，2001。

宋旺相著《新加坡華人百年史》（*One Hundred Years of Singapore*）Singapore: University of Malaya Press, 1923。

Brian Bernards, *Writing the South Seas: Imagining the Nanyang in Chinese and Southeast Asian Postcolonial Literature*. Seattle: University of Washington Press, 2015.

「他鄉」、「故國」、「地方感」
——談鄭懷德《艮齋詩集》中的離散與認同

阮進立（Nguyen Tien Lap）[*]

摘　要

　　在越南文壇和史學上，鄭懷德（1764-1825）是一位多才多藝的詩學家、外交家和史學家。其原籍福建省福州府長樂縣福湖鄉，遠祖圓浦公，曾任大明兵部尚書。清初，其祖鄭會因不堪變服剃髮之令，便留髮南渡，客寓安南邊和鎮福隆府平安縣清河社。

　　《艮齋詩集》為鄭懷德所著作的漢文詩集，亦是十八、九世紀之際，中越關係史的一部寶貴史料。它的確是一部具有真實性、史料性並蘊含越中文化史的重要著作，其內容價值實值得吾人深入研究。

　　本文以鄭懷德《艮齋詩集》為核心，並以「離散」與「認同」為主軸，對其家族離散和身分認同之脈絡進行研究。透過回溯鄭氏的家族史以及其在越南、高棉、中國等地的生活歷程，探討他在「原鄉」及「寄鄉」的互相影響下，心裡會產生何種「地方感」，且又如何自我形成和建構認同概念？通過如此研究，希望可以瞭解明末清初明鄉華人筆中的華人社會狀況，亦能對其離散經驗和身分認同有更進一步和全面的瞭解，同時也為華人離散研究提供一些具有參考和研究價值。

關鍵詞：鄭懷德、《艮齋詩集》、越南漢籍、離散、身分認同

---

* 越南文郎大學人文社會學系助理教授。（Facnlty of Social Sciences & Humanities, Van Lang Unirersity，學校電子信箱：lap.nt@vlu.edu.rn）

一 前言

　　明崇禎十七年（1644），李自成（1606-1645）起義攻陷北京，崇禎皇帝（1611-1644）於北京煤山自縊身亡，明朝滅亡告終。同年，清軍在明朝將軍吳三桂（1612-1678）協助下，闖入邊關並擊破李自成，勢如破竹，縱橫於中國境內。自清人入關之後，數十年間，陸續將各方勢力和殘兵一一消滅，進而統一中國全境，導致當時明朝臣民有家難奔，有國難投，四方奔逃：

> 嗟乎，國祚危亡，大明社屋，中原不乏忠義血氣之士，離家別井，窮荒終老，生為絕世之人，死為異域之鬼，此驚天動地凄涼悲狀之史乘，殊足長存宇宙永垂後世，表揚我漢族男兒之本色！[1]

由於中越兩國山水相連，天然隔離不大，彼此之間的距離並不遠，且有著長時間密切的歷史交往。更重要的是，越南自古以降，無論在北屬時期[2]，或是在其脫離中國而宣佈獨立之後，[3]始終均以漢字作為全國人民使用的正式

1　李文雄：《越南雜紀》（越南：提岸梅山街萬國公司承印，1948年），頁41。

2　西元前214年，秦始皇平定南越，設立了「南海」、「桂林」、「象郡」三區，使今日越南中、北部納入中國的版圖。秦朝後，當時秦國的將領趙佗趁機佔領了南越，自立為南越武王，成為越南正史上第一位君王。趙佗的稱王建國，對於中國文化之傳入越南其影響與貢獻極為深遠。西元前111年，中國漢朝的漢武帝出兵平定趙氏的南越國，並在其地設「交趾部」，分為九郡。其中三郡「交趾」、「九真」、「日南」相當於現今越南之北部和中部地區。從後歷兩漢、吳、兩晉、南朝、隋、唐，越南都為中國的郡縣。這一段長達將近一千一百年之久的時間，被稱為「北屬時期」。有關越南北屬時期的大要，可參考1.呂士朋：《北屬時期的越南》（臺北：華世出版社，1977年）；2.吳士連等著、陳荊和編校：《大越史記全書》（東京：東京大學東洋文化研究所附屬東洋學文獻センター，昭和59-61年（1984-1986）。

3　西元939年，交趾人吳權（越文：Ngô Quyền）利用唐朝末年大亂之時，脫離了中國的直接統治，建立獨立吳朝政權（939-965），使越南獨立出來。從後經過丁（968-980）、前黎（980-1009）、李（1010-1225）、陳（1225-1400）、胡（1400-1407）、後陳（1407-1414）、初黎（1428-1527）、莫（1527-1592）、後黎（1533-1788）、西山（1778-1802）、阮（1802-1945）諸朝都維持了獨立政權。

文字。由此看來，中越兩國之間在語言文字、傳統文化及風俗習慣等各方面均極為相似，非常適合明朝遺臣難民藏身避難，因此，不少明朝遺民不服清朝統治，寧可離鄉背井，遠渡重洋而投靠當時的安南[4]政權，以尋求安身立命之所：

> 當明清鼎革之際，曾有許多朱明遺民因恥事異族，而相率亡命流寓於海外。此項難民在日本、臺灣、菲律賓、暹邏及爪哇各地都有足跡可尋，惟越南以地毗連中國，所以其逃亡遷入者為數特多。[5]

這些明朝遺臣居住於安南時，其心裡懷有強烈的民族意識。他們時時處處都按照中國人的傳統生活，例如身著明朝衣冠、維持故朝遺典，並以「明香」自稱，以此提醒自己勿忘故國。所謂「明香」，原指清初期間明朝官民因不甘為清朝臣民而流亡到安南居住所設立的一種組織。此外，「明香」乃為在安南明朝遺民集中居住的村社之名稱。據陳荊和的考證，「明香」的原義為維持「明朝的香火」、「冠以明字存國號也」。後來，才逐漸變為今日普遍的詞語：

> 「明鄉」是在越南明遺民集中居住之鄉村之名稱，其原義含有繼承明朝香火，亦即紀念明朝之義。後來在各地明鄉社之設立漸多，社內居民之婚姻關係大多為中越通婚；因此，「明鄉」就變成普遍指中越混血兒或者中越混血兒之子孫。[6]

4　明末清初期間，越南當時還稱為「安南」，直到阮朝嘉隆元年（1802）方始改國號為「越南」。關於阮朝為何進行更改國號一事，以及「越南」此稱號的來源，中越書籍中均有詳細的記載。詳見1.〔阮〕鄭懷德（著）、新亞研究所東南亞研究室（編輯）：《艮齋詩集》（香港：新亞研究所，1962年），頁132；2.中國第一歷史檔案館編：《嘉慶道光兩朝上諭檔》第8冊（廣東：廣西師範大學出版社，2000年），頁215。

5　陳荊和：《承天明鄉社陳氏正譜》（香港：新亞研究所，1964年），頁5。

6　陳荊和：〈關於「明鄉」的幾個問題〉，《新亞生活雙周刊》，第08卷第12期（1965年），頁2689。

　　明命八年（1827），越南阮朝明命帝為了與清朝維持親密而良好的關係，下令將「明香」一律改為「明鄉」。[7]此後「明香」逐漸失去其本義，而成為「在越南屬於明朝遺民的鄉村」之「明鄉」。[8]

　　早期移居安南的明朝遺臣子民如陳上川、楊彥迪、鄚玖等人，以及其後裔的明鄉華人如鄭天賜（1706-1780）、吳仁靜（1760-1813）、鄭懷德（1764-1825）、李文馥（1785-1849）[9]、潘清簡（1796-1867）[10]等，個個都是一表人才，十分傑出的歷史人物。他們在越南近代史上非但佔有崇高地位，且亦留下了許多轟轟烈烈、有聲有色之事蹟：

　　　　明末清初，南來之許多中國人是為了不屑接受異族之統治、為了要維

7　〔阮〕《大南實錄》正編第二紀卷四十七：「改諸地方明鄉社為明鄉社」（東京都：慶應義塾大學言語文化學研究所發行，昭和36-56年（1962-1982），頁2041），及〔阮〕潘叔直著、新亞研究所東南亞研究室編輯《國史遺編》：「秋七月二日，改正北客為明鄉……北客舊號明香，均改著明鄉正字面」（香港：新亞研究所東南亞研究室，1965年，頁163）。

8　「明鄉」或「明香」二詞，在現行越文中均寫為Minh Hương。

9　李文馥（越文：Lý Văn Phức），字鄰芝，號克齋，河內永順人，越南明鄉華人後裔的第六代、阮朝著名官員、詩人，生於越南後黎朝景興四十六年（1785）。其祖先原籍福建省漳州府龍溪縣西鄉社二十七都，鼎革時遷至越南。撰有《西行見聞錄》、《閩行詩草》、《粵行詩草》、《粵行續吟》、《鏡海續吟》、《周原雜詠》等著作。關於李氏的事跡，詳見1.李文馥：《李氏家譜》（越南河內漢喃研究院藏版，藏號A.1057）；2.〔阮〕阮朝國史館：《大南正編列傳二集》卷二十五（東京：慶應義塾大學言語文化學研究所複印本，昭和36-56（1962年至1982年）），頁274；3.陳益源：《越南漢籍文獻述論》（北京：中華書局，2011年），頁225-289；4.楊大衛：《越南使臣李文馥與19世紀初清越關係研究》（廣州：暨南大學碩士論文，2014年）。

10　潘清簡（越文：Phan Thanh Giản），字靖伯，又字淡如，號梁溪，別號梅川。越南阮朝時期的政治家、儒家、作家、歷史學者。他是越南史料《欽定越史通鑑綱目》的總裁官，曾於1863年出使法國，後來在法越戰爭法軍佔領南圻後自殺身亡。關於潘氏的研究，可參考：1.《史地集刊》（*Tập san Sử Địa*），第7-8期合輯，（越南：啟蒙書局發行，1967年）；2.《今昔雜誌》（*Tạp chí Xưa và Nay*）主編：《十九世紀回看歷史人物潘清簡》（*Thế kỷ 19 nhìn về nhân vật lịch sử Phan Thanh Giản*）；3.鄭瑞明：〈越南華僑潘清簡（一七九六至一八六七）〉，《師大歷史學報》，第12期，1984年，頁115-140。

持中國古來之習俗傳統而離鄉投荒的。既然不能在母國忍受奴化的生活，他們索性甘願放棄父祖之墳墓，到海外之新天地建立自己的烏托邦。換句話說，這些人物為中國「正氣」的所在，鄭氏父子之經營河僊，陳上川之建設邊和、柴棍，鄭懷德之政績與各種著作均為這種「正氣」的表現發露。[11]

在這群明朝遺臣子民中，鄭懷德是最為著名及優秀的。他不僅善於作詩、著史，且其政治才能更受世人之推崇。他一生擔任過越南阮朝許多重要官職，並對其政治文化曾作出巨大之貢獻。

《艮齋詩集》為鄭懷德所著作的漢文詩集。集中「自序」部分所反映的內容，以及其詩中所流露出那種思鄉與鄉愁的生命體驗，不但能使我們瞭解鄭懷德其人其事其詩，且亦能對其離散經驗和身分認同有更進一步和全面的瞭解。進而把握和探討明末清初越南華人筆中的社會狀況，同時也能為華人離散研究提供一些具有參考和研究價值。

二 鄭懷德之生平事跡及其家族史

鄭懷德（1764-1825）[12]，本名安，號止山[13]，又號艮齋，是越南阮朝開

---

11 陳荊和：〈河僊鄭氏事跡考〉，《新亞生活雙週刊》，第07卷第19期（1965年），頁1。

12 關於鄭懷德之出生年，目前國內外學者共有二種說法：一為其出生於1764年；另一個則為1765年。據懷德於《艮齋詩集》中的記載，當他十歲那年，其父親鄭慶就逝世了：「癸巳年不祿，時余方十歲，從慈幃與兄姊復歸清河舊貫，奉祖母以共晨夕之歡。」而癸巳年相當於西元1773年。因此，筆者推論懷德應出生於1764年才較合理。

13 歷來學者常誤認「止山」為鄭懷德之表字，如陳荊和：〈艮齋鄭懷德：其人其事〉，收入〔阮〕鄭懷德著、新亞研究所東南亞研究室編輯：《艮齋詩集》，頁7；徐玉虎：〈「艮齋詩集」簡介〉，《新亞生活雙週刊》，第五卷第十三期，1962年，頁11；鄭瑞明：〈華僑鄭懷德對越南的貢獻〉，《歷史學報》，第04期，1976年，頁221；鄭瑞明：《清代越南的華僑》，臺北：嘉新水泥文化基金會，1976年，頁63；鄭幸：〈艮齋觀光集〉，收入中國復旦大學文史研究院及越南漢喃研究院合編：《越南漢文燕行文獻集成・第八冊》，上海：復旦大學出版社，2010年，頁277。但，按鄭懷德在《艮齋詩集》所言：「乃集

國功臣，也是越南第十八世紀著名的詩學家。其祖先原籍中國福建省，世為官族，遠祖圜浦公於明末致仕，任兵部尚書。清初，其祖鄭會因不甘接受薙髮變服之令，便留髮南渡，客寓安南邊和鎮[14]：

> 余原籍福建省福州府長樂縣福湖鄉。遠祖圜浦公兵部尚書，以明季致仕，家世業儒書香紹美。暨顯祖會，大清初入中國，不堪變服剃頭之令，留髮南投，客於邊和鎮福隆府平安縣清河社，受一廛而為氓。初試陶朱之技，終博陶朱之名，竟成鹿洞（俗名仝狉）巨擘。[15]

從事商業、經營管理本是華人自古以來所擁有的一種特性。因此，被流難到安南遠地的鄭氏家族亦無例外。當懷德的祖父鄭會及其家族定居於邊和的同時，亦將中華民族的勤儉刻苦，聰明才智之優良傳統帶去。在經營買賣方面，鄭會總是敏銳行事，並用其智慧探索可以拓展之路，並依靠其力量在當地進行各種商業投機。不久之後，已成為當地的「豪富」。

至於懷德的父親鄭慶，自少篤學，不僅善寫大字，又精通詩書六藝，且為象棋名手。阮主世宗時，鄭慶因「羞與紈褲子弟」，故「詣富春京納銀」而受六品冠，就職於新平府倉場，開安南鄭家從政風氣之先。

不幸的是，當懷德年僅十歲（1773），其父親突然去世，鄭氏家道也因而中落。由於當時安南西山阮岳、阮侶、阮惠三兄弟起義，其母林氏遂攜幼子先復歸清河社與祖母居，其後又流寓嘉定藩安鎮新隆縣（1776）。懷德在母親的嚴厲管教下，開始跟隨武長纘先生學習，正式步入經史詩文之殿堂：「慈幃攜余再往藩安鎮，流寓於新隆縣，全賴和丸斷織，嚴督從事。」[16]林

諸同志，結為詩社，以將相琢磨，名曰『嘉定山會』。余名安，號止山氏，吳名靜，號汝山氏。凡會中詩友率以山字為號，用誌其詩學之宗風焉耳。」由此觀之，「止山」為鄭懷德之號，絕非其字也。詳見拙作：〈傳統的「字」、「號」與鄭懷德的狀情況〉，越南胡志明市師範大學《科學雜誌》，第10期（2015年），頁158-170。

14 即今日越南同奈省（Đồng Nai）邊和市（Biên Hòa）。

15 〔阮〕鄭懷德著、新亞研究所東南亞研究室編輯：《艮齋詩集》，頁126。

16 〔阮〕鄭懷德著、新亞研究所東南亞研究室編輯：《艮齋詩集》，頁126。

母為了鼓勵其子努力學習，嘗流淚而言之曰：

> 爾等先人遑世豪華名時英俊，不幸颺回海宇，星散友朋，玉樹塵埋，
> 烏衣巷寂，爾等勵追先志，克振家聲。[17]

母親所感所言，懷德勞記於心，艱苦奮鬥，懷才大志。年僅十餘歲的他，因遭年荒歲歉之時，「遂從子貢讀《殖貨志》以治生」[18]，並焚膏油以繼晷，積年累月，努力不懈。庚子年（1780），懷德入贅黎家，又得以受教於鄧九思先生門下，日夜勤苦研究詩詞，遍讀經史子集。及對於懷德年少時之嗜好，龔顯宗先生曾曰：

> 懷德少好吟詠，響慕唐詩風調，曾購唐名集諸家法語，鑽仰沈研，究
> 其氣格體裁關底蘊之所在。寢食其間，意翻題，漸得其興味，並與先
> 輩交遊。年十餘，集集諸同好，組織詩社，名曰嘉定山會。[19]

所謂「嘉定山會」，指的是會中詩友均以「山」字為號，如：止山鄭懷德、汝山吳仁靜、奇山葉鳴鳳、晦山黃玉蘊、復山王繼生等。「嘉定山會」的詩友中，又以止山鄭懷德、汝山吳仁靜及晉齋黎光定最為著名。此三人為世人所推重，稱為「嘉定三家」，而其合著之詩集則名為《嘉定三家詩集》。

癸卯年（1783）至丁未年（1787），鄭懷德因避西山之亂而奔跑高棉一程，飽受顛沛流離之苦。《艮齋詩集》云：

> 繼以國運方寒，干戈相尋，致有高綿之遊亦避地同塵之一法門也。因
> 其境多艱苦，跡遍華夷，故即景題情，篇什幾已盈尺。[20]

---

17 〔阮〕鄭懷德（著）、新亞研究所東南亞研究室（編輯）：《艮齋詩集》，頁126-127。
18 〔阮〕鄭懷德（著）、新亞研究所東南亞研究室（編輯）：《艮齋詩集》，頁128。
19 龔顯宗：〈華裔越南漢學家、外交家鄭懷德〉，《歷史月刊》第150期（2000年），頁108。
20 〔阮〕鄭懷德（著）、新亞研究所東南亞研究室（編輯）：《艮齋詩集》，頁128。

戊申年（1788），阮世祖福映克復嘉定之際，鄭懷德應舉，授翰林院制
誥，開始初入仕途。據《艮齋詩集・自序》所言，自從1788至1802年期間，
鄭懷德前後曾擔任過阮氏政權的「翰林院制誥」（1788-1789）、「藩安鎮新平
縣田畯官」（1789-1792）、「東宮侍講」（1792-1794）、「定祥鎮記錄」（1794-
1798）、「戶部右參知」（1798-1802）等職。[21]值得一提的是，鄭懷德雖身為
文官，仍能在「戰場鋒鎬時，亦侈於其列」，始終均為其主建功立業。其盡
忠職責之忠勤精神，確是非常難能可貴的：

> 戊午夏，蒙擢余戶部右參知，從兵給餉。己未年，偽鎮守歸仁城阮俊
> 獻城歸降，欽命掌後軍平西驂乘大將軍性郡公武公性、禮部周正侯從
> 周留鎮。余欽命漕運給交，以充儲備。其冬，偽少傅阮耀大舉水步入
> 寇歸仁城。庚申夏，王師出援，舟師次於虯蒙海澳，水步分道，進解
> 歸仁之圍。余奉轉輸，便宜從事，徵募民夫，擔負錢米，涉壑踰山，
> 給諸屯兵，餽餉不乏。[22]

1802年，阮福映建立了阮朝，自稱為帝並改年號為「嘉隆」，繼續重用有較
高政治才能的功臣，而鄭懷德便是其中之一。嘉隆登基之後，為了爭取清朝
的支持與認可，隨即派遣使者如清請求冊封。他與群臣議通使於大清時，曾
下諭曰：

> 「我邦雖舊，其命維新，復讎大義，清人尚未曉得。曩者，水兵風
> 難，清人厚賜遣還，我未有答復。今所獲偽西冊印，乃清錫封；所浮
> 海匪，乃清逋寇，可先遣人送還而以北伐之事告之。俟北河事定，然
> 後復尋邦交，故事則善矣，卿等其擇可使者。」群臣以鄭懷德、吳仁
> 靜、黃玉蘊等應之，帝可其奏。[23]

---

21 〔阮〕鄭懷德（著）、新亞研究所東南亞研究室（編輯）：《艮齋詩集》，頁128-130。
22 〔阮〕鄭懷德（著）、新亞研究所東南亞研究室（編輯）：《艮齋詩集》，頁129-130。
23 〔阮〕阮朝國史館：《大南實錄》正編第一紀卷十七，頁571。

於是1802年五月，敕封鄭懷德為戶部尚書兼正使，以兵部右參知吳仁靜為甲副使、刑部右參知黃玉蘊為乙副使，一起赴清求封。鄭懷德在《艮齋詩集》中已將使團赴清之過程，簡易描述如下：

> 六月十二日，自順安海門駕海。十九日屆粵洋分三洲塘，颶風大發，倒海翻山，飆風湧濤，船似芹舟滾湯中摧折，顛危性命，幾不可保。余白燕艚先在上川沙堤灣泊；二副使玄鶴艚海外難支，風急碇斷，漂來粵轄大澳。七月初一日，同到粵東虎門關，呈天朝太子太保協辦大學士兵部尚書兩廣總督覺羅吉慶摺奏。十月天朝旨準使部由廣西省取路進京朝謁。接報王師收獲安南全境，繼命兵部尚書敏政侯黎光定、甲乙副使勤政殿學士葵江侯阮迪吉、禮部僉事炯鑑侯黎正路為請封使。奉兩粵督撫札下留余桂省等待齊到一同進行。但彼以請封表內所請為「南越國」一語，頗與兩粵古號相同為關礙，經奉天朝軍機大臣詰責。廣西巡撫孫玉庭督令繳回原表務使改請封從安南國舊號。本國復文，以安南經為偽號，不肯從命。為此，巡撫孫、布政公翥、按察清安泰，勤請使部輪流辨難，誘使具修表文，附寄回奏，求速送改。稟以議自裁上非出疆專命之事。孫撫臺甚加憂懼，忙赴太平府近關，修書往復，關頭候命，羽檄交馳，加以兩國之兵因寇亂初平，於關上地頭，未免各張聲勢，與遞送使事，接遞公文，兵弁守候，並嚴整節，而國號一事，彼欲固要，而我國不肯轉從。往復文書，辨論未定，以故外間訛傳，二使部已為內地拘禁。於是北城總鎮公經委問行往桂探候。癸亥四月，因後表所敘我國先有越裳，後有安南之語。事經天朝延議，准許使部經程進京（原注：以此遂封為「越南國」，蓋已善加調度彼此兩全，甚得事體。）。五月自桂省起程，八月歷燕京，出萬里長城古北口關，往熱河行在拜覲（原注：本朝使到熱河自余部始，昔所未有。），會諸國來王入貢賓使，同賞中秋嘉宴。事竣，由南關回國。[24]

---

24 〔阮〕鄭懷德（著）、新亞研究所東南亞研究室（編輯）：《艮齋詩集》，頁131-133。

　　嘉隆三年（1804），使團完成任務歸國，鄭懷德仍領職如故。同年，清朝廣西布政使齊布森到安南冊封嘉隆為「越南國王」。鄭懷德及吳仁靜二人同任通譯工作：

> 甲子元旦至昇隆城朝謁，復命停留奉侍，行受冊封大禮，上諭余與靜遠侯既熟北語官話，委余侍駕，靜遠侯陪冊封大使廣西布政齊布森，同為通譯宴款問答之語，免他通事卑下衣服賤陋，觀瞻不雅。[25]

在越南文壇和史學上，鄭懷德確是一位多才多藝的詩學家、外交家和史學家。他既具才能，又得到阮氏政權的器重，因此其仕途順利，步步高升。在嘉隆、明命兩朝前後曾擔任過許多要職，如：戶部尚書兼如清正使（1802-1804）、嘉定鎮協留鎮（1804-1805）、嘉定城協總鎮（1805-1812）、禮部尚書兼管欽天監（1812-1813）、吏部尚書（1813-1816）、重任嘉定城協總鎮（1816-1820）、嘉定城代總鎮（1820）、復領吏部尚書（1820-1821）、協辦大學士兼領吏兵二部尚書（1821-1822）、吏兵禮三部尚書（1822-1823）、吏部及禮部尚書（1824-1825）、欽修玉譜總裁兼領商舶事務（1824）等。[26]對於鄭懷德之政治才幹方面，臺灣學者鄭瑞明先生曾給予很高的評價：「由於他的勳績及阮朝本身的需要，嘉隆、明命兩帝都予以重用，懷德的長才因此得以充分發揮，也因此使他能對近代越南作了非他人所能比擬的貢獻。」[27]而華僑史專家陳荊和先生則讚之為：「其在越南廟堂所佔地位之崇高，實越南華僑史上罕見。」[28]

　　明命六年（1825），鄭懷德逝世，壽命六十有一。由於他是越南阮朝開國重臣，又是嘉隆、明命二帝的功臣與顧問，因此在他去世後，阮聖祖明命

---

25 〔阮〕鄭懷德（著）、新亞研究所東南亞研究室（編輯）：《艮齋詩集》，頁133。

26 詳見〔阮〕阮朝國史館：《大南正編列傳初集》卷十一，頁1134-1138。

27 鄭瑞明：〈華僑鄭懷德對越南的貢獻〉，《歷史學報》，第4期（1976年），頁3-4。

28 陳荊和：〈艮齋鄭懷德：其人其事〉，收入〔阮〕鄭懷德（著）、新亞研究所東南亞研究室（編輯）：《艮齋詩集》，頁7。

極為震驚，向群臣表示其哀傷：

> 懷德秉性純誠，宜勞有日，中興初多蒙簡注，奉使清國，秉節嘉定，
> 皆能克底厥績，素著循良。朕嗣位以來，知其忠藎，擢以峻秩，常與
> 論政事，多所施展，方期眷遇隆長，永保祿位，去年冬忽遘重病，即
> 命御醫診治，去日復加劇，立遣侍衛馳賜尚方參桂，而藥餌卻已無
> 及，今遽爾奄逝，聞之不覺淚落。[29]

乃旨罷朝三日哀思，特遣皇子永祥郡王阮福綿宏及諸官前往弔喪，並頒贈
「少保勤政殿大學士」官爵，諡文恪，歸葬嘉定邊和省。同時，亦厚賜財帛
如：紅錦宋錦各四枝、縐紗羽緞各四匹、紗紬十一匹、錢二千五百緡、米五
百方、油三千斤。阮朝嗣德五年（1852）補祀「中興功臣廟」；十一年列祀
「賢良祠」。現今越南同奈省邊和市仍有其墓園，而胡志明市第五郡「明鄉
會館」[30]內及同奈省邊和市「鎮邊文廟」中仍祀奉之。

懷德一生著作甚豐，其著作不僅為漢文，而且還使用喃字來創作。不過
到了現在，大多數作品已佚失或散失，如：《歷代紀元》、《康濟錄》、《華程
錄》、《嘉定三家詩集》。而現存的作品僅有：《艮齋詩集》及《嘉定城通志》
二書。

---

29 〔阮〕阮朝國史館：《大南實錄正編》第二紀卷三十一，頁1810。
30 明鄉會館者，恭奉大明正朔之所也。蓋當日崇禎帝鼎湖仙去，福王、魯王、桂王淪
　　夷，長平公主遯跡空門。其忠臣義士流亡在越者，心懷故國，於一七七八年特建明鄉
　　社、立會館奉祀。正中題「龍飛」，右祀「祥麟」，左祀「瑞鳳」焉。厥後附祀陳國都
　　督將軍勝才侯加封威敵昭勇顯靈陳公上等神（陳上川）、統率禮成侯護國庇民拓境威昭
　　應阮公上等神（阮有鏡）於右；特進金紫榮祿大夫正治上卿工部尚書吳肅簡公（吳仁
　　靜）、特進榮祿大夫右柱國少保勤政殿大學士鄭文恪公（鄭懷德）於左……。詳見李文
　　雄：《越南大觀》（越南：提岸偉興印務局承印，1963年），頁28。

三　「離散」之原由：從「變服剃髮」一事談起

　　越南阮朝史書《大南列傳前編》卷六云：「鄭玖，廣東雷州人。明亡，清人令民薙髮，玖獨留髮，而南投於真臘為屋牙」[31]；又鄭懷德在其《艮齋詩集・自序》中亦曰：

> 余原籍福建省福州府長樂縣福湖鄉。遠祖圍浦公兵部尚書，以明季致仕，家世業儒書香紹美，暨顯祖會，大清初入中國，不堪變服剃頭之令，留髮南投，客於邊和鎮福隆府平安縣清河社。[32]

上述文字已提到一個重要的議題，那就是關於清人的「薙髮之令」，說明了當時代表明朝遺臣的鄭氏及鄭氏家族，為何離開其祖國家鄉而遷徙到安南為客之真相與原由。我們都知道，束髮是漢族人民的傳統，既然是華人幾千年來的風俗習慣，所以他們絕不輕易接受「斷髮」之事。而正當明清鼎革之際，清朝統治者為了徹底從精神上征服漢人，已強迫他們斷髮易服，這無形中已嚴重傷害了漢人的自尊與感情，於是各地漢人紛起反抗，寧願「頭可斷，而髮絕不可剃」。胡蘊玉〈髮史・序〉曰：

> 夫髮之歷史也，入關之初，薙髮令下，吾民族之不忍受辱而死者，不知凡幾。幸而不死，或埋居土室，或遁跡深山，甚且削髮披緇，其百折不回之氣，腕可折，頭可斷，肉可臠，身可碎，白刃可蹈，鼎鑊可赴，而此星星之髮，必不可薙，其意豈在一髮哉？蓋不忍視上國之衣冠，淪于夷狄耳。[33]

31　〔阮〕阮朝國史館：《大南列傳前編》卷六，頁1，收入《大南實錄》，頁273。

32　〔阮〕鄭懷德著、新亞研究所東南亞研究室編輯：《艮齋詩集》（香港：新亞研究所，1962年），頁126。

33　胡蘊玉：〈髮史・序〉，收入胡蘊玉等撰：《滿清野史》第五冊，1983年，頁1。

可以說，剃髮易服對當時的士人就意味著儒家禮樂的崩壞，華夏文明的中絕。他們決「不忍視上國之衣冠，淪于夷狄耳」，始終堅持保留著民族幾千年來的文化傳統。一見自己的民族精神和文化象徵遭到了前所未有的衝擊甚至毀滅，他們當然萬萬是接受不了的，因此各種形式的反抗出現也是意料之中。由當時的中國狀況而言，許多明朝遺民堅持不甘低頭向清廷稱臣，積極鬥爭並進行各種「反清復明」之活動，直到計盡力窮，而明朝還是告終不可救，於是「殉國」、「起義」以及「歸隱」成為當時明朝忠臣義士最常見的選擇：「明祚既覆，忠臣義士的結局，不外三種：殉國、起義、歸隱，而以歸隱最多。」[34]然而，還另有一種值得他們思考的措施，那就是離開祖國家鄉，遷徙於異國為客，寧願成為他國政權的臣僕，而不肯受到清朝的統治。鄭懷德《嘉定城通志》云：

> 己未三十二年（原注：黎熙宗永治四年，大清康熙十八年）夏五月，大明國廣東省鎮守龍門水陸等處地方，總兵官楊彥迪、副將黃進鎮守高雷廉等地方；總兵官陳勝才、副將陳安平等率領兵弁門眷三千餘人、戰船五十餘艘，投來京地地思容、沱㶞（原注：即今瀚海口隸廣南營）二海港。奏報稱大明國逋播臣，為國矢忠，力盡勢窮。明祚告終，不肯臣事大清，南來投，誠願為臣僕。[35]

誠如上述所言，今閱讀越南文獻資料所記載有關明鄉華人的事蹟，不難看出其離家別井之原因均是相同的，即是：「忠於明朝而恥事清朝」。為了能看出其相同之處，茲展示相關文獻資料並綜述介紹如下：

---

34 詳見高陽：《明末四公子》（北京：華夏出版社，2008年），頁10。

35 〔阮〕鄭懷德（著）、李越勇（編譯與註解）：《嘉定城通志》（越南：同奈綜合出版社，2006年），頁207-208。

文獻資料	詳細內容
《嘉定城通志》	己未三十二年（原注：黎熙宗永治四年，大清康熙十八年）夏五月，大明國廣東省鎮守龍門水陸等處地方，總兵官楊彥迪、副將黃進鎮守高雷廉等地方；總兵官陳勝才、副將陳安平等率領兵弁門眷三千餘人、戰船五十餘艘，投來京地地思容、沱瀼（原注：即今瀚海口隸廣南營）二海港。奏報稱大明國逋播臣，為國矢忠，力盡勢窮。明祚告終，不肯臣事大清，南來投，誠願為臣僕。[36]
《山居雜述》	鄭榮原是明人（原注：後改名為棹丕則）。大清取士，榮應舉登第，其叔語之曰：「我世食明祿，恥復屈身他姓。」遂不仕，挈室居河僊，取丕雅辛之女。[37]
《鄭氏家譜》	初，明末大亂，我鄭太公玖（原注：於明永曆九年乙未五月八日生）雷洲縣人，因不堪胡虜侵擾之亂，（原注：於辛亥年十七歲）越海投南真臘國為客。[38]
《李氏家譜》	我李氏原貫大明國福建處漳州府龍溪縣西鄉社二十七都。先祖輔明朝為開國元勳功臣，同體帶礪。至匈奴入帝，兄弟三人，長曰李克廉，次曰李我壁，季曰李克貴，義不臣清，遂相與航海而南，擇得吉地，在昇龍城懷德府永順縣湖口坊地分（原注：懷德古奉天，永順古廣德，湖口古壽康，昇龍今北城），因與本國族人結為鄉黨，順甲而居。其詒厥孫謀，以不臣匈奴為克承先志云。[39]

36 〔阮〕鄭懷德（著）、李越勇（編譯與註解）：《嘉定城通志》（越南：同奈綜合出版社，2006年），頁207-208。

37 未詳撰者姓氏：《山居雜述．暹羅國河僊鎮》，收入孫遜、鄭克孟、陳益源主編：《越南漢文小說集成》卷拾柒（上海：上海古籍出版社，2010年），頁294。

38 〔阮〕武世營：《河僊鎮協鎮鄭氏家譜》，越南漢喃研究院所藏抄本，架藏號碼為A1321。

39 李文馥（修纂）：《李氏家譜》，越南漢喃研究院所藏抄本，架藏號碼為A.1057。

文獻資料	詳細內容
《明鄉陳氏正譜》	始祖生於明朝籍係福建，遠離墳墓，遐棄妻兒，寄萍梗於他鄉，營鳩居於外國。其故何哉？不得已也。當辰，明末混亂，中原避兵，革而南來。[40]
〈會安明鄉萃先堂石碑〉	吾鄉祠奉祀魏、莊、吳、邵、許、伍，十大老者，前明舊臣也。明祚既遷，心不肯貳，遂隱其官銜、名字，避地而南至，則會唐人在南者，冠以明字存國號也。卅六省皆有所立，而廣南始焉。初居茶饒，尋遷會安，相川原之勝，通山海之利，井里畫焉，闐闠設焉，以永乾年。子茲者皆其所貽也。[41]
〈重修會安中華會館碑記〉	中華會館古洋商會館也。今只顏之曰中華，表示不忘祖耳。夷攷一埠為廣南重鎮，前屬占城，後歸越南。日趨繁盛，竟成通商口岸。南渡華僑首推江浙而閩粵次之。風帆往來，乃館斯土。當朱明失守，抱首陽采薇之慨者，亦接武而來，衣冠聚會，競鬥繁華，館之所以著名也。[42]

　　從上述越南漢文文獻中的記載來考察，大致可以瞭解關於清初明朝遺臣離開祖國家鄉移植到越南生活之脈絡了。

---

40 陳元爀（修纂）：《明鄉陳氏正譜》，收入陳荊和：《承天明鄉社陳氏正譜》（香港：香港中文大學新亞研究所，1964年），頁40。

41 此碑現位於越南廣南（Quảng Nam）省會安（Hội An）市。

42 此碑現位於越南廣南（Quảng Nam）省會安（Hội An）市。

四 「認同」之起點：由越南歷史背景談起

據《艮齋詩集》所言，鄭懷德於1788年投身官場，開始跟隨阮主福映作戰，顯示出其對阮氏政權之認同。至於鄭氏為何選擇奉事阮氏政權而非另外兩者？其主要原因，確實與當時安南歷史背景息息相關的。

其時，安南領土被分成兩塊：安南北方史稱「北河」[43]，名義上雖是屬於後黎朝王位，但實際上其政權早已被權臣鄭氏所掌控。而南方一帶，中越史籍稱之為「南河」[44]或「廣南國」，早自十六世紀中葉已由阮氏政權所控制。據越南史料所記載，自1627年至1672年期間，北方鄭氏與南方阮氏前後共進行了七次大規模的戰爭。而當明朝遺臣難民進入安南定居立業之同時，亦正是安南歷史大轉變之關頭，即北鄭南阮雙方之間的戰爭暫時結束。[45]不過，由於各種因素，鄭氏與阮氏等政權對這批明朝遺臣難民卻持截然不同的態度與政策。北方鄭氏政權，由於受到中國清朝的壓迫，因此對來歸的明朝子民實施了一些限制的政策。不但採取嚴厲的同化政策，強迫這批難民接受安南人的風俗習慣與服飾，又嚴管其各種商業活動，使得這一時期來到安南北方的華人非常有限。而相反的，南方阮氏政權由於自己本身的需要，因此對「明人之南移深表同情，不僅設法收容安插，且給居住、商業、交通各種方便，務使他們安居樂業。」[46]

> 明清之際流移海外的中國民眾，主要是因為政治原因，規模大，有組織，影響深遠，尤其在政府上的作為遠非其他類型移民所能及，這是

---

43 俗稱「塘外」。現行越語為：「Đàng Ngoài」。

44 俗稱「塘中」。現行越語為：「Đàng Trong」。

45 1673年，中國發生三藩之亂，清朝由於希望能與南河政權聯合抗擊吳三桂，因此要求鄭氏政府立即與南河阮氏政權協調停戰。雙方便以「靈江」為界，形成了兩個對峙的割據政權。

46 陳荊和：〈關於「明鄉」的幾個問題〉，《新亞生活雙週刊》，第8卷第12期（1965年），頁2689。

> 清初華人移殖海外的主要形式和突出特點。他們在海外國家居留下來
> 之後，懷著強烈的民族情緒，以保持「明朝」特色；而原來受中華文
> 化影響的明朝藩屬如朝鮮、日本、越南等國，視明朝為中華正統，對
> 流移異鄉的華人採取程度不同的同情和容留。朱明王朝覆滅了，但
> 「海上明朝」在海外卻賡續不滅。[47]

對於這些南投具有巨大功勞的明朝遺臣子民，阮主政權基本上仍保留其軍
隊，繼續由陳、楊等人指揮。此外，還特許他們立祠祭祖，傳承中華文化習
俗，並同意讓他們在越南境內成立「明鄉社」：

> 歷代阮主追懷明人功勞，不欲迫他們列入土著，乃特准別立村社坊
> 營，因而有所謂鎮邊營之「清河社」與藩鎮營之「明鄉社」。同時在
> 順化與會安亦設立兩個「明鄉社」。[48]

由於阮氏政權所採取與實施的政策，對流難華人而言，的確都是積極的，所
以很快就得到了這批明臣的認同與歸順。早期前往投靠阮氏政權的明人如陳
上川、楊彥迪以及鄭玖、鄭天賜父子等人，各個都是一表人才，曾擔任過該
政權之重要官職。他們始終一貫，賣力為阮氏政權效勞造功，並作出其巨大
之貢獻。

懷德年少時，特別敬仰及欽佩這群明鄉華人先賢者。在其心目中，這些
明臣的確是值得仰慕和崇敬的榜樣。由於他們忠於明朝，又不服清朝之統
治，所以寧願離鄉背井流難至安南。而在安南境內勤苦開拓與建設，並積極
地招集「義不仕清」的明臣前來共同從事經商及進行「反清復明」之活動。
對於鄭久、鄭天賜父子，鄭懷德曾有如下之記載：

---

47 李慶新：〈越南「明香」與「明鄉社」〉，《中國社會歷史評論》，第10卷（2009年），頁
216。

48 李文雄：《越南雜紀》，（越南：提岸梅山街萬國公司承印，1948年），頁47。

鄚都督琮郡公，字天賜士麟氏，河僊鎮守也。其父玖，粵東雷洲人，
值大明屋社，挈家南投於真臘之地，占據河僊以歸命於朝，受封總兵
侯，至公而昌焉。公氣槩豪邁，學識蘊藉，剪荊棘，立城堡，募流
亡，制廛里、丹艧、窮髮，山澤而樓閣之，文物邊徼，民吏而冠履
之。招致富春、嘉定、閩粵者儒碩士，日與咨諏政治，講論詩書，闡
禮教於海陬，鑿蓬瀛於林莽篝邊。[49]

而〈題陳將軍廟〉則是鄭懷德追思頌揚明末投奔安南的陳上川總兵：

國破臣心不二操，陳家一葉濟風濤。途窮寧作巢南鳥，命蹇空懷伐北
刀。鐵壘至今寒臘魄，崖州從此絕明旄。行人亦有英雄淚，為向祠前
酒一燒。[50]

鄭久和陳上川為進入居住安南的第一代明人。他們在安南所作所為的一切，
已為明鄉華人後裔奠定了良好及穩定的生活環境。到了鄭天賜、鄭懷德、吳
仁靜、潘清簡、李文馥時代，由於他們既具才能，又有明鄉華人之身分，所
以始終都得到阮朝皇帝之重用與信任。由此看來，鄭懷德之所以繼續追隨先
人的腳步信任並奉事阮朝，其因不外是上述理由吧！

五　「故鄉」還是「異國」：談鄭懷德心中之感觸

鄭懷德一生離鄉遷徙的歷程，足跡遍布「越南」、「高綿」及「中國」等
地。幼時的他正值西山之亂而跟隨母親到處奔跑。弱冠之際，亦因戰亂而有
長達五年之久流寓於高綿國。壯年之時，因跟隨阮氏政權對抗西山軍而走遍
安南全境。阮朝建立之後，又因奉命擔任如清正使，而第一次踏上其先祖的

49　見鄭懷德：〈明渤遺漁文草序〉，收入越南河內漢喃研究院所藏抄本：《大南文苑統
　　編》，藏館編號：VHv.981。

50　《艮齋詩集》，頁35-36。

故土。在長途流浪的遷徙過程中，無論是在越南、高綿或中國各地，他都將自己所見、所聞、所思、所感，筆之於詩。此誠如阮朝左參知葵江阮迪吉所言：「尤愛作詩，自官翰林乃得恣意題詠，繼而從事簿書，羈跡戎馬亦吟諷不輟，故其所著作惟詩為獨多。」[51]

鄭懷德身為越南明人之後裔，雖出生於安南境內，但總是忘不了其華人之身分。他在《艮齋詩集》中明白地寫出自己的祖先籍，並為其家世感到自豪與驕傲。他敬仰和慕效明鄉華人諸位先賢者之功德，並團結一致與其他明鄉華人子弟聯手結交，成立了「山會」加以維持漢人的精神與力量。對他而言，明朝故國以及明朝人臣總是永藏心中，歷久而不渝。

不過，鄭懷德亦瞭解，自從明朝告終以來，經歷一百餘年，而恢復明朝一事，對他個人也好；對明鄉華人族群也好，確實已毫無希望了。歲月以及其他客觀因素再也不支持他們能找回當時之明朝。因此，他對明朝之懷念不過只是維持這樣的態度而已。更何況，他現在已是明末清初移居越南的第三代，並且現有安南國籍之身分。由於安南國已生他、育他、陪伴他成長，並給予他許多新的觀念與體驗，使他逐漸接受安南文化，進而融入其社會，並開始對之產生感情與喜愛。

閱覽安南明鄉華人先賢之文學作品，仍可見到其對明朝國君及自己的故國之懷念，如：「思美人兮渺何之，懷故國兮徒引領。」[52]「風聲浪蹟應長據，濃淡山川異國懸。」[53]「飄零自笑汪洋外，欲附魚龍卻未能。」[54]等皆可見之。但是到了鄭懷德之時代，其詩作思想已有極大之轉變。《艮齋詩集》雖仍流露出了那種濃厚深摯的情感，但詩的主體已從中國明朝轉變成了

---

51 阮迪吉：〈艮齋詩集序〉，收入《艮齋詩集》，頁24。

52 〔舊阮〕鄭天賜：〈鱸溪閑釣賦〉，收入范阮攸：《南行記得集》卷二，越南漢喃研究院所藏抄本，館藏編號A2939。

53 〔舊阮〕鄭天賜：《安南河僊十咏》，〈金嶼攔濤〉，越南漢喃研究院所藏抄本，館藏編號A441。

54 〔舊阮〕鄭天賜：《安南河僊十咏》，〈鱸溪漁泊〉，越南漢喃研究院所藏抄本，館藏編號A441。

越南的阮朝。換言之，越南此地和越南阮朝才是他所懷念和尊重的。

鄭懷德從「明人」到「越人」之演變過程，不但反映了明鄉華人融入越南社會的進程，且亦顯示出其民族意思和文化認同之改變，誠如王德威所言：

> 因為政治或經濟的理由，遺民遠走他鄉，意味著文化政治命脈的連根拔起，以及語言、敘述機能的另起爐灶。弔詭的是，行走天涯海角，移民逐客遙念故國母語，每每生出更強烈的追本溯源的動機。其極致處，當故國的一切已經改朝換代，海外的追隨者反而因為時空睽違，成為有意或無意的（文化或政治）遺民。……問題是遺民不世襲，移民也不世襲。當移民者的子孫把他鄉化作己鄉，失語及失根的恐懼之而來。時移事往，再固執的移民也必須面對淪為夷民的可能。從懷鄉者到異鄉人，他們被中國的大歷史「包括在外」一種離散（diaspora）的命運周期於焉成矣。[55]

由於融入了安南社會，成為該民族中之一分子，所以在其一生中，始終都將安南作為自己之故鄉。無論流難高綿期間，或是出使中國之時，他都很自豪地自稱為「越人」，並將高綿及中國看作「異國」。例如1783年，懷德遭遇西山之亂，流難高綿國，夤緣遍遊該國之「帝釋寺」、「南榮江」諸勝景。而居住高綿期間，由於即景題情，寫下了不少詩作以表露其心事。其中，〈客高綿國寄懷葉鳴鳳岐山〉及〈久客真臘〉等便是代表詩作：

> 新洲解纜繫藩城，越客相思觸處生。帝釋寺前胡偈調，南榮江上貊歌聲。同吟顏色孤篷月，故國音書萬里程。極目風濤行不得，撩人時復鷓鴣鳴。[56]
> 千里孤篷別浪來，久經仙浦泊金臺。春歸尚作他鄉客，香信憑誰寄驛

---

55 王德威：《跨世紀風華：當代小說20家》（臺北：麥田出版社，2002年），頁417。
56 《艮齋詩集》，〈客高綿國寄懷葉鳴鳳岐山〉，頁35-36。

梅。蠻煙地角千里路，越客天涯一短篷。三徑陶花開午夜，五更莊蝶
逐東風。[57]

詩中「越客」、「故國」等語足以說明懷德對安南之認同。而在1802年至1804
年期間，鄭懷德奉命出使清朝。在詩集中多次用「客」來形容自己，如：

廣東秋又廣西冬，一葉扁舟路幾重。愛日曉憑迎燠榻，穿窗寒送定更
鍾。遙聞桂省亭攔馬，纔見梧州石繫龍。到處無窮新點綴，山川如為
客為容。[58]

封川路入潯江西，深洞編氓雜漢黎。耘跡未青蘿蔔圃，燒痕猶黑荔枝
隄。居人度日終嫌短，行客占星不覺低。鼓櫂撥開千里霧，淵驚眠鯉
樹猿啼。[59]

家書初啟見平安，喜慰何須徹尾看。自我為臣能建節，知卿教子解和
凡。水歸有水源流遠，山到無山地步寬。為語南從門下客，檀車將駕
鋏休彈。[60]

山城深處咽清笳，隔岸殘陽落遠沙。萬里匆匆天外客，一泓淡淡月中
槎。蕭森青欖臨三峽（名地），飄泊紅蘋過五叉（名地）。酒後覺來詩
肚燥，呼童生火夜烹茶。[61]

鷺藏深樹曠沙汀，疊嶂層巒列畫屏。骨瘦江城梅落落，影疎村巷竹亭
亭。偶因興逸忘人我，乍恐吟高遏斗星。詩酒近來充客料，應知默有

---

57 《艮齋詩集》〈久客真臘〉，頁35-36。
58 《艮齋詩集》，〈冬月由廣東水程往廣西省會請封使取路進京道中吟同吳黃兩副使次笠
翁三十韻〉其二，頁78。
59 《艮齋詩集》，〈冬月由廣東水程往廣西省會請封使取路進京道中吟同吳黃兩副使次笠
翁三十韻〉其八，頁79。
60 《艮齋詩集》，〈冬月由廣東水程往廣西省會請封使取路進京道中吟同吳黃兩副使次笠
翁三十韻〉其十四，頁80。
61 《艮齋詩集》，〈冬月由廣東水程往廣西省會請封使取路進京道中吟同吳黃兩副使次笠
翁三十韻〉其二十一，頁81。

效山靈。[62]

禿盡蘆花為雁唧，後凋寒歲識松杉。水湍崖震將遷谷，風迓雲行欲墜岩，曉日乍翻龍窟動，客舟繞過石門緘。挑燈閒讀王褒頌，壓倒情芽宿未芟[63]

瓦雀雙雙戲霤前，案頭蜩哳醒朝眠。葉餘青英階含雨，枝退黃楊戶遠煙。王事靡遑稽地遠，客愁無那值長年。甌人乍報更春服，寒勝吾鄉冬至天。[64]

遶橋鶯語柳綿蠻，蕭索郵亭畫掩關。乞火何人歸北舍，掃墳此日憶南山。草霑細雨宵猶下，花滿芳園客未還。翹望朝陽（富春京城朝會閣名）心萬里，幾回夢寐鵷接班。[65]

城西春暮挈樽瓢，且及行看花柳朝。延客洞開雲掛竇，整容岩浴雨流橋。函開雪散遺青犢，榕樹（榕樹樓在岩北）風高送紫箾。遠价北瞻天子氣，恆山深阻熱河遙。[66]

興安縣北過花橋，湘水奔流畫鷁飄。灣陡（陡名）風高清客況，長灘（灘名）波定伏塵囂。落霞影弔靈妃竹，斜日陰封聖壽椒。護送鑼聲鳴界首，雁行花舫繫桑條。[67]

艾旗影眩北堂萱，鈷鉧潭溫夏氣暄。角黍送盤逢縣宴，菖蒲賜酒憶君恩。靈渠可濬溝為蕆，怨竹難乾淚有根。懷古思鄉行客事，驚人華鬢落芳樽（湘灘分派渠曰靈渠）。[68]

---

62 《艮齋詩集》，〈冬月由廣東水程往廣西省會請封使取路進京道中吟同吳黃兩副使次笠翁三十韻〉其二十四，頁82。

63 《艮齋詩集》，〈冬月由廣東水程往廣西省會請封使取路進京道中吟同吳黃兩副使次笠翁三十韻〉其三十，頁83。

64 《艮齋詩集》，〈粵西使館閏二月口占〉，頁86。

65 《艮齋詩集》，〈使館清明同請副使阮迪吉題懷〉，頁87。

66 《艮齋詩集》，〈暮春登老君巖和廣西趙竹君題壁原韻〉，頁87。

67 《艮齋詩集》，〈和副使阮迪吉湘江晚泛原韻〉，頁89。

68 《艮齋詩集》，〈和請封使黎兵部晉齋全州端午〉，頁90-91。

由此看來,鄭懷德在這趟旅途中,總是冷清地以一位外國使節之身分及眼光來觀察中國,並深深想念遠離千里之外的安南故國。《艮齋詩集》集中大都以山、水、煙、花、雪、月、風作為題材,但詩人心中若不是在乎「南國」、「南關」、「故國」、「故鄉」、「越南」、「南山」「鄉關」等,就是不斷重複「聖明」、「聖主」、「聖恩」、「九重」、「君臣」等語。可見,鄭懷德詩中的言語,句句均發自其肺腑,字字誠摯而動人。

六 結語

本文藉由鄭懷德《艮齋詩集》中之內容,探討了明朝遺臣子民的鄭氏家族史以及懷德個人在安南、高綿及中國等地之生活歷程,說明了其如何接受以及如何面對文化認同之轉變。由上述內容見之,當初明朝子民不得已離開其祖國家鄉,南投「安南作異客」,除了謀求生存之外,他們的所有心思與希望都寄於「反清復明」的活動。不過,隨著時光流逝,這些明朝遺臣經過數代變遷,其復明活動逐漸失去了希望後,他們不得已再次改變自己的觀念,而成為越南阮朝的忠臣。

附圖

圖1　鄭懷德像（筆者攝）

圖2　鄭懷德墓碑（筆者攝）

圖3　鄭懷德墓園（筆者攝）

CẤN TRAI THI TẬP

TRỊNH · HÒAI · ĐỨC

MONOGRAPH SERIES NO. 1

Southeast Asia Studies Section
New Asia Research Institute
HONG KONG
1962

圖4　香港新亞研究所東亞研究室編輯　　圖5　越南河內漢喃研究院所藏
《艮齋詩集》之封面（1962年）　　　《艮齋詩集》之封面（編號：A1392）

圖6　越南河內漢喃研究院所藏　　　　圖7　越南河內漢喃研究院所藏
《艮齋詩集》之封面（編號：A780）　　《艮齋詩集》之封面（編號：A3139）

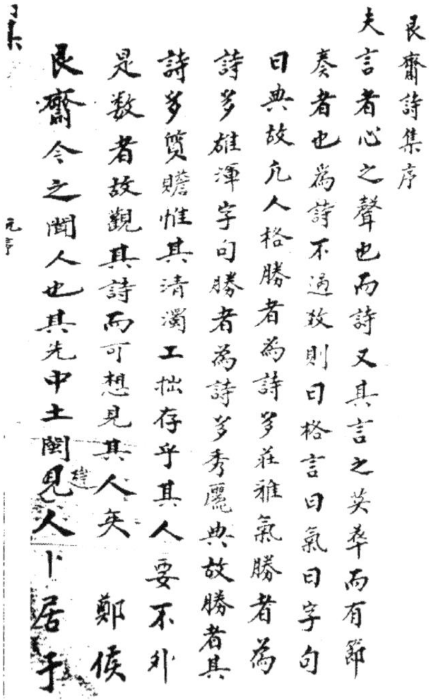

圖8 越南河內漢喃研究院所藏
《艮齋詩集》書影（編號：A3139）

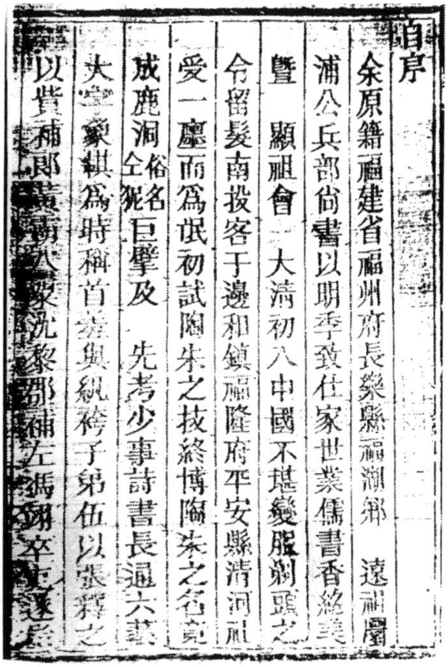

圖9 越南河內漢喃研究院所藏
《艮齋詩集》書影（編號：A1392）

參考文獻

一　傳統文獻

鄭懷德著：《艮齋詩集》，香港：新亞研究所編輯排印本，1962年。

鄭懷德著：《艮齋詩集》，越南漢喃研究院館藏編號A3139。

鄭懷德著：《艮齋詩集》，越南漢喃研究院館藏編號A780。

鄭懷德著；《艮齋詩集》，越南漢喃研究院館藏編號A1392。

中國‧復旦大學文史研究院、越南‧漢喃研究院合編：《越南漢文燕行文獻
　　　集成‧第八冊》，上海：復旦大學出版社，2010年。

鄭懷德著、李越勇編譯與註解：《嘉定城通志》，越南：同奈綜合出版社，
　　　2006年。

二　近人論著

丁志可（主編）：《明朝遺民的大清歲月》，南寧：廣西人民出版社，2008
　　　年。

陳元爍：《承天明鄉社陳氏正譜》，香港：新亞研究所編輯排印本，1964年。

鄭永常：《漢文文學在安南的興替》，臺北：臺灣商務印書館，1987年。

鄭懷德、吳仁靜、黎光定等合著、懷英編譯與註解：《嘉定三家》，越南：同
　　　奈綜合出版社，2006年。

三　單篇論文

阮進立：〈傳統的「字」、「號」與鄭懷德狀況〉，越南胡志明市師範大學《科
　　　學雜誌》，第10期，2015年，頁158-170。

阮進立：〈試校鄭懷德《艮齋詩集》版本〉，《興國學報》，第15期，2014年1
　　　月，頁81-111。

陳荊和：〈河僊鄭氏事跡考〉，《新亞生活雙週刊》，第7卷，第19期，1965
　　　年，頁1-5。

鄭瑞明：〈華僑鄭懷德對越南的貢獻〉，《歷史學報》，第4期，民1976年，頁221-240。

龔顯宗：〈華裔越南漢學家、外交家鄭懷德〉，《歷史月刊》，第150期，2000年，頁107-112。

《華夷通語》中的閩南語文白異讀

嚴立模[*]

摘　要

　　19世紀新加坡出版的《華夷通語》，是以漢語為目，再標註馬來話講法的閩南語馬來語詞彙集。在標註馬來語的時候，所使用漢字是閩南語的讀法。但是閩南語的字音有泉州、漳州諸腔，又有文讀、白話的差異，所以書中用不同的符號來標記。本文即討論這本書中提供的文白異讀的材料。

關鍵詞：華夷通語、閩南語、文白異讀

---

[*]　國立屏東大學中國語文學系助理教授。

一　前言

　　本文探討的對象，是1900年重刊的馬來語漢語對照詞彙集《華夷通語》。這本書是為了下南洋的閩南語族群學習簡單的馬來語而編纂。書前有三篇序，分別是清國駐叻領事官左秉隆、李清輝和林衡南。三篇序的紀年都是光緒九年（1883）。出版後又請李清輝幫忙校訂，再重新刊印，更名為《華夷通語》。全書分成三十二類，收錄大約二千五百個詞項。各類名目及詞項數目如下：

天文類46	地理類75	數目類40	時令類102	房屋類81
器用類216	人倫類144	工匠類24	身體類109	疾病類96
藥材類55	綢布類36	顏料類24	國寶類26	律例類57
瓜菜類61	食物類50	滋味類16	菓子類24	花木類50
禽獸類86	草蟲類23	魚蝦類61	埠頭類96	船政類158
單字類384	一字類48	二字類396	三字類132	四字類72
五字類12	長句類41			

「單字類」以後是照詞語的字數，而不是照意義分類。「一字類」則是「一間、一痕、一模」等數量詞。

　　本書卷首有〈華夷通語讀法〉，說明如果夷語（勿勝油話，Melayu）的發音用華語無字可記的時候，要怎麼標記：

　　夷語腔口多有無字可稽者。無字而欲集成話，故不淂不借平仄音韵而呼之。學者務必細觀字腳下注明「平、上、去、入、下平、下上、下去、下入」，及○△、等記號，否則毫釐千里矣。特將各欵分別列左而一隅三反之意寓焉。

　　平聲　上聲　去聲　入聲　下平聲　下上聲　下去聲　下入聲
　　關　　管　　貫　　決　　權　　　倦　　　貫　　　慈

　　其餘別字之音可叺類推。

　　○解說　　　△泉音　　　、漳音

　　這個聲調系統呈現的，是平聲、上聲、入聲分陰陽，去聲不分陰陽。這個七調的系統跟現在泉州音的系統相符，而不同於漳州和潮州。漳州也是七調，但是上聲不分陰陽，去聲分陰陽，內容和泉州不完全一樣。潮州則是八個調，上聲、去聲都分陰陽。

　　標註○的是「解說」，也就是相對於讀書音的「白話」。閩南語有很豐富完整的文白異讀系統，很多字都有兩個音，一種用在讀書，一種用在說話。看到一個漢字，時常有不同的音可以選擇，所以要適時註明是「解說」。例如「甚麼，亞把」和「挪住，把江」，馬來語注音都用了「把」字，但是「把江」的「把」字下標註○符號，表示要用「解說」的pé-kang，才比較接近「挪住（la̍k-tiâu，握住）」的馬來語pegang。而「亞把」的「把」沒有註明是「解說」，表示用讀書音念「a-pá」，就可以發出近似「甚麼」的馬來語apa的音。本文所要做的，是整理出有標註「解說」的字，作個基本的介紹和簡要的討論。

　　討論中涉及的閩南語文白字音，主要根據《甘為霖台語字典》（甘為霖，2009）。並參考《增補彙音寶鑑》（沈富進，1960）及《綜合臺灣閩南語基本字典初稿》（吳守禮，1987）。潮州音根據《漢語方音字彙》（北大中文系語言學教研室編，2003）。這些材料使用的標音方式各不一致，本文都轉寫為《臺灣閩南語羅馬字拼音方案》的拼法，以求統一。

二　討論

（一）韻母是-ang 的字

　　在資料中，-ang韻母的字很多。有許多字是用來對譯相同的馬來語音節，但有時馬來語不同的音節也會用同一個漢字。例如「網bāng」、「蚊

báng」、「夢bāng」都用來對譯馬來語的音節bang，而「蚊báng」、「望bāng」、「夢bāng」也用來對譯音節mang。

以下是標註為「解說」而白話音的韻母是ang的字。

棒pāng，文音pōng：「一捻，沙誅棒沙（satu pangsa）」、「蘇木，加又習棒（kayu sepang）」、「小銃，申那棒（senapang）」。對譯馬來語音節pang。

蚊báng，文音bûn, bún，潮州音máng：如「起，蚊銀（bangun）」、「小椅斗，蚊龜結舌（bangku kecil）」、「碗，蚊閣（mangkuk）」。對譯馬來語bang或mang。對譯mang也許是潮州音。

望bāng，文音bōng：「洋大葱，峇菀望葛撈（bawang benggala）」、「望膠錫，望膠沙（Mangkasara）」、「竹，望務（bambu）」。對譯馬來語音節beng、mang、bam。望膠錫是印尼城市望加錫，漢名錫江，又拼作Makassar或Macassar[1]。

夢bāng，文音bōng，潮州māng：「稱，珍夢（timbang）」、「自然，罵夢・務基誅（memang begitu）」、「倘若，夢甲里（barangkali）」。對譯馬來語bang、mang或兩個音節barang。對譯mang 或有可能是潮州音。

網bāng，文音bóng：「賤人，胡聾網杀（orang bangsat）」、「兄長，亞網（abang）」、「飛，直立網（terbang）」。對譯馬來語音節bang。

冬tang，文音tong：如「星，民冬（bintang）」、「鈕扣，武冬（butang）」、「一枝，沙誅峇冬（satu batang）」。對譯馬來語音節tang。

董táng，文音tóng：「手，董岸（tangan）」。

當tàng，文音tòng：「後枕，當閣（danguk）」、「後枕屈，羅網當閣（lubang danguk）」。對譯馬來話dang。

重tāng，文音tiōng：「賒，吁重（hutang）」、「借來，賓染・撈重（pinjam datang）」。對譯馬來語音節tang。

---

1 https://zh.wikipedia.org/wiki/望加錫。

動tāng，文音tōng：「近來，實南馬勝動（selama datang）」、「欠主，胡聲揚吁動（orang yang hutang）」。對譯馬來語音節tang。

銅tâng，文音tông：「樓梯，銅迓（tangga）」。對譯馬來語音節tang。

壟壠láng，文音lióng：「虹，勃壟囉（pelangi）」、「蚶，葛壟（kerang）」、「龍蝦，羽壟葛踏（udang kara）」、「布線，文壟（benang）」、「光，得壟（terang）」、「檳榔，賓壠（pinang）」。對譯馬來語lang、rang、dang、nang。「壟壠」兩字只有文讀音，沒有白話音。但就對應的馬來語看起來，作者應是把這個字讀成 láng，和「籠、聾、人」等字用法相同。也可以說是依據「籠」之類有-iong與 -ang 文白對應關係的字，而類推出一個白話音。

籠láng，文音lióng：註明「解說」的只有「烏木，加又亞籠（kayu arang）」。另有幾個沒有標註「解說」的，如「猛人，胡聲迓籠（orang garang）」、「磚仔窯，加籠（Kallang[2]）」、「平原草地，丹那把籠（tanah padang）」。對譯馬來語rang、lang、dang，跟「聾、壟、人」等相同。

聾lâng，文音lông：「說，未聾（bilang）」、「百姓，胡聲那吃里（orang negeri）」。馬來語orang在本書中出現五十多次，書的前半照意義分類的部分，譯為「胡聲」，後面「二字類」以後，則是「胡人」。

人lâng，文音lîn或jîn：如「有人，亞搭胡人（ada orang）」、「失教示，龜人亞熱（kurang ajar）」、「現今做，夕甲人未僅（sekarang bikin）」、「回，匏人（pulang）」、「誰人講，是亞把·胡人·未人（siapa orang bilang）」。對譯馬來語音節rang或lang。

農lâng，文音lông：「富翁，胡農加野（orang kaya）」、「富翁，胡農加野（orang kaya）」。orang在本書中常見，多譯為「胡聲」或「胡人」，只有這兩個詞項譯為「胡農」。

膿lâng，文音lông：「蜻蜓，米撈膿（belalang）」，「海獺，勿膿勿膿（berang-berang）」、對譯lang或rang。這個字很少用，本書對譯馬來

---

2 新加坡地名，19世紀曾有許多磚窯聚集在此。

語lang或rang時，大多數用「聾、壟、人」，只有這裡的兩個詞項用「膿」。

弄lāng，文音lōng：「骨，廚弄（tulang）」、「牛欄，干弄腦務（kandang lembu）」、「門豎，仁弄賓誅（jenang pintu）」，對譯馬來語音節lang、dang、nang。

鬃tsang，文音tsong：「木頭樣，峇鬃（bacang）」、「菜荳，沙腰加鬃（sayur kacang）」，還有各種荳類的名稱，都用「加鬃」來譯kacang。

附帶一提，還有一個字「鈁huáng」，韻母是-uang。Douglas（1873: 145）的解釋是「a Douch coin.」，《甘為霖台語字典》的解釋是「Hô-lân kok chit-khoán ê chîⁿ-gûn.」（荷蘭國一款的錢銀）。在本書中也標註為「解說」：

鈁huáng，文音hong：「罰銀，吁甘鈁（hukum wang）」、「賞銀，甲是荷吧鈁（kasi upah wang）」。對譯馬來語音節wang。

（二）韻母是成音節鼻音的字

閩南語有ng和m兩個成音節的鼻音，可以不需要元音，自己充當韻母。這些成音節鼻音的字，主要用來對譯馬來語帶有eng的音節。

飯pīng，文音huān：「穢褻，飯餓多（pengotor）」。對譯馬來語peng。

榜píng，文音póng：「鐵鎚，榜吃卓（pengetuk）」、「掬，榜訖（pungut）」。對譯馬來語peng、pung。

問mīng，文音būn：「招認，問亞舊（mengaku）」、「士人，胡聾問囉二（orang menggaji）」、「商人，胡聾問領迓（orang berniaga）」、「愛睡，問彥多（berantuk）」。對譯馬來語meng或bern、beran。

唐tîng，文音tông：「穿山甲，唐宜葬（tenggiling）」，對譯馬來語音節teng。

桑sng，文音song：「閂閂，桑江賓誅（sengkang pintu）」，對譯馬來語音節 seng。

嗨m̂，文音muî：這個字是「梅」字加上「口」字旁，依照「梅」字的音讀。全書只出現個一次，「滾，嗨利利（mendidih）」。本書中馬來語 men的音，通常譯為「民」或「文」，只有這一處是特例。

（三）韻母是鼻化元音的字

閩南語有鼻化元音，即發音時氣流同時從口腔和鼻腔呼出，和一般的元音氣流完全從口腔呼出不同。閩南語的鼻化元音只出現在白話音，也就是本書的「解說」。在十五音的聲母系統中，[b-]和[m-]（門）、[l-]和[n-]（柳）、[-g]和[-ng]（語）分別是同一過音位。聲母有沒有鼻音，由韻母來決定，是可以預測的：當韻母是鼻化元音，聲母就是鼻音[m-]、[n-]、[ng-]。而當韻母是口元音，聲母就是非鼻音[b-]、[l-]、[g-]。但是在羅馬字的拼音系統中，通常習慣把m-、n-、ng-跟b-、l-、g- 分別開來，而把鼻音標寫在聲母，而省略掉韻母的鼻化符號。但是實際上是鼻化的元音。例如mi的發音是minn、me的發音是menn。

冥嗼mî，文音bîng：「決然，冥詩・務基誅（misi begitu）」、「飲，冥朗（minum）」、「皇后，冥咩勝喏（bini raja）」、「椰油，冥若加撈吧（minyak kelapa）」、「牛油，嗼若腩務（minyak lembu）」。對譯馬來語音節mi、bi「冥」字加上口字旁只用在minyak（嗼若），但也有不加口字旁作「冥若」的。

麵麷麷mī，文音biān：「嘴上鬚，麵西（misai）」、「地，務麵（bumi）」、「須用，麵西・把雞（mesti pakai）」。對譯馬來語音節mi、me。

咩nî：如「妻室，未咩（bini）」、「甜，嗎咩氏（manis）」、「清，日腩咩（jernih）」。對譯馬來語音節ni、nih。

硬ngī，文音gīng：「怪眠[3]，文硬餓（mengingau）」。對譯馬來語音ngi。

囔滿muá，文音buán：「一概，孫滿・夕甲里（semua sekali）」、「一總賣，孫囔夕甲里奕（semua sekali jual）」、「不值，周囔杀喏（cuma saja）」。對譯馬來語mua、ma。

罵mē，文音mā：「棹巾，加因罵喏（kain meja）」、「紅鱘魚，夷干罵撈（ikan merah）」、「自然，罵夢・務基誅（memang begitu）」。對譯馬來語音節me。

領〔嗊〕niá，文音líng：「商人，胡聲問領迓（orang berniaga）」、「睡的時候，治嘮本領染（tidur punya jam）」、「地球，倫嗊（dunia）」。對譯馬來語nia、nya。

嶺niá，文音líng：「爾的，吱本嶺（lu punya）」、「滋味好，撈沙嶺埋奕（rasanya baik）」、「惡有惡報，惹喝・亞撈・惹喝峇叻嶺（jahat ada jahat balasnya）」對譯馬來語音節nya。用途同「領」字。

瞒muâ，文音buân：「齊備，三瞒實掠（semua sedia）」。對譯馬來語的mua。本書中semua有「三囔」、「孫囔」、「孫滿」、「三瞒」四種譯法。

糧niû，文音liông：「大呂宋，習班糧（Sepanyol）」。對譯馬來語音節nyol。

楹înn，文音îng：「山鴿鳥，務朗富爾楹（burung punai）」。用鼻化的inn來譯馬來語na後面的i。

甜tinn，文音tiâm：「莿瓜，甜問（timun）」、「東方，甜膜（timur）」。對譯馬來語音節ti。這兩個例子都是出現在鼻音m開頭的音節前。

影iánn，文音íng：「問，搭影（tanya）」。對譯馬來語音節nya。

碗uánn，文音uán：「香油，麵亞碗宜（minyak wangi）」、「香水，亞逸碗宜（air wangi）」。

3　原註：「即夢中亂言也。」

（四）韻母是單元音的字

抛pha，文音phau：「頭，角抛撈（kepala）」，所有含kapala的詞項都是「角抛撈」。對譯馬來語音節pa。

礁ta，文音tsiau：這個字本書中常見，但絕大多數沒有註明「解說」，如「河，礁石（tasik）」、「城，高礁（kota）」、「年，礁溫（tahun）」、等，詞項「年」註明「礁音大，官音」而不是註明為「解說」。對譯的馬來語音節都是ta。只有「髓，荷礁（otak）」和「頭腕髓，荷礁角抛撈（otak kepala）」，用來對譯tak，「髓」的「礁」字註明為「解說」，「頭碗髓」則沒有註明。

罩tà，文音tàu：「索仔，罩里（tali）」、「目，媽罩（mata）」、「生，文罩（mentah）」。對譯馬來語ta、tah。包含mata的詞組，有「媽罩」、「馬罩」、「媽礁」、「馬礁」幾種寫法。

撈lā，文音lō：「撈」字在本書中頻繁出現，但是只有兩個詞項標註「解說」，即「蓮子，務畫直撈地（buah teratai）」和「騎馬，漳龜撈（ciang kuda）」。其他沒有標註為「解說」的詞項，也都是讀「解說」的lā，如「何時，微撈（bila）」、「書館，昔高撈（sekolah）」、「灶，撈裒（dapur）」、「舌，利撈（lidah）」、「太子，勃直撈（putera）」、「血，撈撈（darah）」。對譯馬來語音節la、lah、da、dah、ra、rah。

勝lâ，文音lô：這個字在本書中也出現很多，用途和「撈」基本相同。註明「解說」的只有三個詞項，即「行來，惹蘭勝重（jalan datang）」、「發菰，勿勝薄（berlapuk）」、「務當祈禱諸神保佑，珍誅哮民踏三嘴勝多道郎（tentu mau minta sama datuk tolong）」。其他沒有註明「解說」的，如「南方，思勝旦（selatan）」、「神佛，勝到（datuk）」、「皇帝，勝喏（raja）」、「怒，媽勝（marah）」。對譯馬來語la、da、ra、rah。

早tsá，文音tsó：「講，早鴿（cakap）」。對譯馬來語音節ca。

下ē，文音hā：「一峇，沙誅下撈（satu ela）」。對譯馬來語音節e。

把pé，文音pá：「腔口，把叻（pelat）」、「銀器，峇壟把納（barang perak）」、「鐵箍，申把勿詩（simpai besi）」，對譯馬來語pe、pai。閩南語文音pá 則對譯馬來語音節pa，例如：「早晨，把宜（pagi）」、「鐵釘，把舊（paku）」、「若干，勿撈把（berapa）」等。

馬bé，文音má：「加，立馬（lebih）」。對譯馬來語音節bih。

芽gê，文音gâ：「鑽，芽礼（gerek）」。對譯馬來語音節ge。

帽bō，文音mōo：「石磨，峇林帽（batu bo）」、「騙，本帽封（pembo-hong）」、「慰，依帽（hibur）」、「蚱，吁帽吁帽（ubur-ubur）」。對譯馬來語音節bo、bur。

匏pû，文音pâu：「回，匏人（pulang）」、「禾米，匏律（pulut）」、「大玻璃灯，覽匏（lampu）」、「掃箒，本野匏（penyapu）」。對譯馬來語音節pu。

富pù，文音hù：「勸諫，富辱（pujuk）」、「鶴鶉，富腰（puyuh）」、「火食刀，比梭迓撈富（pisau garpu）」。對譯馬來語音節pu。

浮哷phû，文音hôo：如「海島，浮羅（pulau）」、「打，浮滑（pukul）」、「頭眩，角拋撈浮生（kepala pusing）」、「雞毛掃，杀浮務呋亞奄（sapu bulu ayam）」、「二十，嘟哷呋（dua puluh）」、「掃，沙哷（sapu）」。對譯馬來語音節pu。

龜ku，文音 kui：「龜，龜撈龜撈（kura-kura）」、「鼠，知龜氏（tikus）」。對譯馬來語音節ku。

舊kū，文音kiū：「指甲，舊舊（kuku）」、「鐵釘，把舊（paku）」、「禁監，突倫舊（terongko）」。對譯馬來語音節ku、ko。

久kú，文音kiú：「一須久，須久寧吃（suku ringgit）」。對譯馬來語音節ku。

牛gû，文音giû：「棧房，淡叭牛壟（tempat gudang）」、「後悔莫及，文日呇峇撈江搭牛那（menyesal belakang tak guna）」。對譯馬來語音節gu。

（五）韻母是複元音的字

　　這類的字通常是把馬來語分屬兩個音節而相鄰的元音合併成一個漢字的音節。

　　畫uā，文音huā：「蓮子，務畫直撈地（buah teratai）」、「柚仔，禮毛染務畫（limau jambua）」，對譯馬來語音uah、ua。

　　大tuā，文音tāi：如「深色，胡臉那大（warna tua）」、「老姜，亞里也大（halia tua）」、「白鶯哥，務朗加甲大（burung jakarta）」。對譯馬來語音tua或ta。

　　嘞luā，文音lāi：這個字是「賴」字加上「口」字旁，依照「賴」字的音讀。用來對譯「二，嘞（dua）」、「外，嘞（luar）」、「出，骨嘞（keluar）」，以及含有這三個詞的詞組。「褲，實賴（seluar）」的「賴」也是luā，但並沒有標註為「解說」。

　　蛇tsuâ，文音siâ：「天時好，蛇詐埋逸（cuaca baik）」。對譯馬來語音cua。

　　砂sua，文音sa：「聲，砂撈（suara）」。對譯馬來語音sua。

　　投tâu，文音tôo：「知，投（tahu）」、「不知，搭投（tak tahu）」。對譯馬來語音節tahu。

　　荖láu，文音ló：如「海，荖聿（laut）」、「蝙蝠，葛荖越（kelawar）」、「搭船去，淡邦・勃荖・不宜（tumpang prau pergi）」、「寔荖越，实荖活（Sarawak）」，又「艾葉」、「鎗刀葉」的「葉」都是「荖溫（duan）」。對譯馬來語音節la、ra以及後面一個音節的開頭u或w。

　　獅sai，文音su：「雪，獅二（salji）」。「獅」字下標註「舌音」，當指sai調整發音為sal而言。

　　腰io，文音iau：「菜蔬，沙腰（sayur）」、「鵪鶉，富腰（puyuh）」。對譯馬來語音節yur、yuh。

　　尿jiō，文音jiāu：「綠色，胡臉那依尿（warna hijau）」、「綠荳，加鬃希尿（kacang hijau）」都是對譯馬來語音節jau，應當是福建話文音jiāu，

卻標註「解說」。跟字典對文白音有不一樣的界定。馬來語hijau後半的-jau，應該分析為一個音節，au是複合元音。

（六）韻尾是-h 的字

閩南語的入聲韻尾有-p、-t、-k、-h四種，其中喉塞音-h只出現在白話音而不出現在文讀。本書標註「解說」的，有許多是喉塞音尾的入聲。

百pah，文音pik：「手掌，罩百董岸（tapak tangan）」、「目皮，高羅百媽罩（kelopak mata）」，對譯馬來語音節pak。

肉bah，文音jiȯk：「浪，汪肉（ombak）」、「鎗，洞肉（tombak）」、「菜頭，勞肉（lobak）」，對譯馬來話音節bak。

搭tah，文音tap：「詢問，搭影（tanya）」、「軍器局，吆罵申嘻搭（rumah senjata）」、「不喜，搭須甲（tak suka）」、「已經，須搭（sudah）」。對譯馬來語音節ta、tak、dah。否定詞tak都譯為「搭」。

踏tȧh，文音tȧp：「討，民踏（minta）」、「無熟，文踏（mentah）」、「含痕[4]，律踏（detar）」、「一間，沙誅把踏（satu petak）」。對譯馬來語ta、tah、tar、tak。

白pėh，文音pik：這個字出現不多，都標為「解說」，如「鐵鉗，榜芽白（pengapit）」、「扁，黎白（leper）」、「狂言，勿撈白（merepek）」。其中「狂言」的「白」對譯馬來話音節pek，當是文音pik。

麥bėh，文音bik：「軟，臉麥（lembik）」、「剁，高麥（kobak）」。對譯馬來語音節bik、bak。

格keh，文音kik：「金桔仔，禮毛格野（limau kia）」，對譯馬來語音節ki。

裂lih，文音liȧt：「偷，珠裂（curi）」、「船尾，務裂丹勃茗吁（buritan perahu）」。對譯馬來語音節ri。

---

4 原註：「乃磁器破声。」

舌tsih，文音siat：「小，結舌（kecil）」，包含「kecil」的詞項很多，漢字都作「吉舌」或「結舌」，「舌」對譯馬來語音節cil。

薄póh，文音pók：「雜，尖薄（campur）」、「發菰，勿勝薄（berlapuk）」。對譯馬來語音節pur、puk。

箔póh，文音pók：「一堆，沙誅東箔（satu tompok）」、「加薄棉，加箔（kapuk）」。對譯馬來語音節pok、puk。

莫bóh，文音bók：「壁，珍莫（tembok）」、「舂，敦莫（tumbuk）」、「塵埃，亞莫（habuk）」、「大回回，實淡莫（Istanbul）」。對譯馬來語音節bok、buk、bul。

膜móoh，文音bók：「東方，甜膜（timur）」、「蚊仔，噎膜（nyamuk）」、「蛀虫，巫膜（bubuk）」。對譯馬來語mur、muk、buk。

落lóh，文音lók：「蛤子，高落勿東（kodok betung）」、「水罐，曷落亞逸（geluk air）」、「坐，柳落（duduk）」、「醜，務落（buruk）」、「放下，搭落（taruh）」、「玻璃灯，实多落（setolop）」、「染，質落（celup）」。對譯馬來語dok、luk、duk、ruk、ruh、lop、lup。

鍊sóh，文音sok：「臭，武鍊（busuk）」、「入內，馬鍊撈覽（masuk dalam）」、「明天來，迷鍊勝重（besok datang）」。對譯馬來語suk、sok。

閣koh，文音kok：「龜背，罔閣（bongkok）」、「曲，猛閣（bengkok）」、「磁器，峇壟冰岸蚊閣（barang pinggan mangkuk）」、「後枕，當閣（danguk）」。對譯馬來語kok、kuk、guk。

掠liáh，文音liók：「預備，实掠・流吹（sedia dulu）」、「喊，勿直掠（berteriak）」。對譯馬來語dia、riak。

食tsiáh，文音sit：「話明，食鴿直吮氏（cakap terus）」、「說好話，食鴿埋奕（cakap baik）」。對譯馬來語音節ca。

活uáh，文音huát：「四腳蛇，米耶活（biawak）」、「椰糖，遇撈廚活（gula tuak）」。對譯馬來語音節wak或uak。

　　喉塞音尾的字，常常對應馬來話-k結尾的音。這是因為馬來語位於詞末的-k發音很弱，有喉塞音化的現象。雖然拼寫為k，但是聽在唐人耳中，會覺得是-h尾而不是-k尾，所以傾向用喉塞尾的字來對應。

（七）韻尾是-p、-t、-k 的字

　　閩南語的-p、-t、-k三種韻尾，可以出現在文讀音，也可以出現在白話音。但是這種韻尾，在本書標註「解說」的漢字中，只有很少的字。其中只有「叻lát」是本書常用的字。

什tsáp，文音sip：「印記，什（cap）」。對譯馬來語音節cap。

叻lát，文音lik：這個字很常見，但只有「風強，尨孚吉叻（angin kilat）」一處標註為解說。其他「叻」的例子如「電母，己叻（kilat）」、「十一，習勿叻氏（sebelas）」、「哮喘，叻撈（lelah）」、「岸，撈叻（darat）」、「同襟，米叻氏（biras）」、「律例，亞叻（adat）」、「辣，不叻（pedas）」、「勞，本叻（penat）」等，「叻」對譯馬來語音節lat、las、lah、rat、ras、dat、das、nat，福建話當是lát，但都沒有標註為「解說」。只有「究察，潑叻沙（periksa）」的「叻」字對譯馬來語rik，福建話當是文音lik。

轆lak，文音lòk：「推卻，倒轆·簡（tolakan）」、「近來好消（銷），實南馬·勝重·申壅轆句（selama datang senang laku）」，對譯馬來語音lak。另有「一萬，寔轆沙（selusa）」，則是對譯lu。

六lák，文音liòk：如「除，多六（tolak）」、「水銀，六呀（raksa）」、「控告，六蛙（dakwa）」、「犀牛，峇六（badak）」、「快，六葛（lekas）」。對譯馬來語音節lak、rak、dak、lek等。

（八）韻尾是-n的字

辦pān，文音piān：「懷恨，心辦憐濫（simpan dendam）」。對譯馬來語音
節pan。

咱，訓讀lán，文音tsa：「且慢講免哄驚我，未耶不咱查鴿兜沙吃律踏三馬
賽耶（biar perlahan cakap tohsa gertak sama saya）」，「咱」對譯馬來語
的lahan。

面bīn，文音biān：「懇為通知，面踏道朗甲是兜（ minta tolong kasi
tahu）」。對譯馬來語音節min。minta在本書中出現在其他詞項時，都
譯為「民踏」。

（九）沒有文白異讀而視為解說

雖然閩南語有豐富的文白異讀，但是並不是所有的字都有文白兩讀。有
些字只有一個音，通常是只有文讀音，沒有白話音。本書標註為「解說」的
字，有些在字典中就只有一個文讀音，而沒有白話音。但是本書作者卻認定
作「解說」。

碻au：「楊萄甜者食能止渴，笨君帽撈媽哖媽干某禮媽底碻吁氏（buah
kembola manis makan boleh mati haus）」。「碻」對譯hau。
庵am：「取來，庵蜜勝重⁵（ambil datang）」、「我當請罪，賽耶某礼撈・民
踏庵笨（saya bolehlah minta ampuan）」、「將近，庵蔽・庵蔽（hampir-
hampir）」。對譯馬來語音節am、ham。
粘liâm：「大銃，馬粘（meriam）」。對譯馬來語音節riam。
戆gōng：「銅鐘，戆（gong）」、「番路麥，嗃戆（jagung）」，對譯馬來語音
節gong、gung。

5　原作「庵蜜峇重」，「峇bâ」當為「勝lâ」之誤。

納làp：「銀器，峇壟把納（barang perak）」，「紋銀」、「唐銀」、「銀盾」都是用「把納」對譯perak。「納」只有làp一個音，沒有文白的分別。本書似乎把這個字讀為làh，視為「解說」。

蚋juē：「酒，亞蚋（arak）」、「姦夫，于蚋（urat）」、「算賬，未壟基蚋基蚋（bilang kira-kira）」、「楹，峇蚋（balak）」、「污穢，末吉黎蚋（berkeladak）」。對譯馬來語音節rak、rat、ra、lak、dak等。《華夷通語》的作者似乎把「蚋juē」字跟「納làp」字都讀作làh。

颯sap：「有去不回，律颯（lesap）」。

擸bàt：「準節，勿里擸（berlibat）」、「平安，實南擸（selamat）」、「問消息，搭影‧加擸（tanya khabar）」。對譯馬來語音節bat、mat、bar。

蜜bit：「完工，霞蜜‧加撈喏（habis kerja）」、「言難盡，質里礁搭某礼霞蜜（cerita tak boleh habis）」，都是把habis譯為「霞蜜」。

三 結語

用不同的語音系統來標音的時候，一定會有一些出入，沒辦法完全相合。所以《華夷通語》採用了一些辦法，試圖調合兩種不同音系，幫助下南洋的唐人學會一些基本常用的馬來語詞，以應生活及生意所需。但是使用這本書的前提是要識得漢字。本書卷首〈華夷通語讀法〉有一條說：

> 凡自幼未入儒門，有志熟覽是書，不但貿易字體精通，且熟覽生巧，記明字樣，即小說諸書亦易讀矣。

亦即這本書除了學習巫來由語，同時也有幫助認識漢字的功能。不過就本書主要的目的，是為了學習馬來語，如果「自幼未入儒門」識字不多的人，恐怕學習的效果是會打折扣的。

參考文獻

北大中文系語言學教研室編，王福堂修訂2003：《漢語方音字彙》。北京：語
　　文出版社。

甘為霖2009：《甘為霖台語字典》。臺南市：台灣教會公報社。

吳守禮1987：《綜合臺灣閩南語基本字典初稿》。臺北市：文史哲出版社。

沈富進1960：《增補彙音寶鑑》。嘉義縣：文藝學社。

Douglas, Rev. Garstairs 1873: *Chinese-English dictionary of the vernacular or
　　spoken language of Amoy.* London: Trübner & Co.

2022「東南亞社會與文化」
國際學術研討會議程表

指導單位：教育部
主辦單位：國立屏東大學人文社會學院
承辦單位：國立屏東大學中國語文學系
合辦單位：國立屏東大學文化發展學士學位學程原住民專班
舉辦日期：2022年04月15日（五）線上會議

08：40-09：00				報　到
開幕典禮	09：00 ｜ 09：20	古源光校長（國立屏東大學）致詞 莫順宗校長（新紀元大學學院）致詞 王潤華講座教授（南方大學學院中文系）致詞		
專題演講	09：20 ｜ 10：20	主　持：簡光明院長（國立屏東大學人文社會學院） 主　講：陳益源特聘教授（國立成功大學中文系） 講　題：從新文獻的挖掘談東南亞漢學的研究 　　　──以孫櫺於廣西所見之越南使節與越南詩作為例		
10:20-10:30				中場休息
場次	時間	主持人	發表人	題　目
論文發表（一）	10：30 ｜ 12：00	潘碧華主任 馬來亞大學中文系	廖文輝主任 馬來西亞新紀元大學學院中文系暨東南亞學系	馬來西亞華人的生活禮俗
			黃文車主任 國立屏東大學中國語文學系	1950-1960年代新華小報中的娛樂記憶初探

			魏月萍副教授 馬來西亞蘇丹伊德里斯教育大學中文系	1950、60年代文學刊物的「第三世界」視野與實踐——以《蕉風》、《浪花》為例
			范文俊正研究員 越南社會科學翰林社會科學院漢喃研究院	越南河內市粵東會館歷史與孫中山來往談論
12：00-13：30			午　餐	
論文發表（二）	13：30｜15：00	裴德英 (Bui Duc Anh) 國際長 土龍木大學國際事務處	杜忠全主任 馬來西亞拉曼大學中華研究院中文系助理教授兼金寶校區系主任	印順法師及其佛學思想在馬來西亞的傳播初探：以教學活動為考察核心
			黃琦旺副教授 南方大學學院中文系	廿世紀卅年代馬華文學附刊呈現的社會現象
			阮進立助理教授 文郎大學人文社會學系	「他鄉」、「故國」、「地方感」 ——談鄭懷德《艮齋詩集》中的離散與認同
			嚴立模助理教授 國立屏東大學中國語文學系	《華夷通語》中的閩南語文白異讀
15：00-15：10			中場休息	
座談會（一）	15：10｜15：50	主持人	與談人	主　題
		李馨慈主任 國立屏東大學文化發展原住民專班	羅永清助理教授 國立東華大學族群關係與文化學系	臺灣與菲律賓的原住民交流與對話
			Edwin Winston A. Valientes 助理教授 菲律賓大學迪里曼分校人類學系	

		主持人	與談人	主　題
座談會（二）	15：50 — 17：00	黃文車主任 國立屏東大學 中國語文學系	張曉威院長 拉曼大學 中華研究院	後疫情時代臺灣與東南亞的交流發展
			魏月萍副教授 蘇丹伊德里斯教育 大學中文系	
			武氏河主任 下龍大學漢語系	
			阮玉詩主任 胡志明市人文社會 科學大學文化學系	
17：00-17：10		閉幕典禮		

【議事規則】

1. 論文發表：主持人5分鐘，發表人20分鐘，綜合討論5分鐘。
2. 座　談　會：主持人5分鐘，與談人15分鐘，綜合討論5分鐘。

學術論文集叢書 1500028

域外華人的多音交響：
2022「東南亞社會與文化」國際學術研討會論文集

主　　編　簡光明

責任編輯　林以邠

特約校對　林秋芬

發 行 人　林慶彰

總 經 理　梁錦興

總 編 輯　張晏瑞

編 輯 所　萬卷樓圖書股份有限公司

　　　　　臺北市羅斯福路二段 41 號 6 樓之 3

　　　　　電話　(02)23216565

　　　　　傳真　(02)23218698

發　　行　萬卷樓圖書股份有限公司

　　　　　臺北市羅斯福路二段 41 號 6 樓之 3

　　　　　電話　(02)23216565

　　　　　傳真　(02)23218698

　　　　　電郵　SERVICE@WANJUAN.COM.TW

香港經銷　香港聯合書刊物流有限公司

　　　　　電話　(852)21502100

　　　　　傳真　(852)23560735

ISBN 978-986-478-784-5

2022 年 12 月初版一刷

定價：新臺幣 320 元

如何購買本書：

1. 劃撥購書，請透過以下郵政劃撥帳號：

　　帳號：15624015

　　戶名：萬卷樓圖書股份有限公司

2. 轉帳購書，請透過以下帳戶

　　合作金庫銀行 古亭分行

　　戶名：萬卷樓圖書股份有限公司

　　帳號：0877717092596

3. 網路購書，請透過萬卷樓網站

　　網址 WWW.WANJUAN.COM.TW

大量購書，請直接聯繫我們，將有專人為
您服務。客服：(02)23216565 分機 610

如有缺頁、破損或裝訂錯誤，請寄回更換

國家圖書館出版品預行編目資料

域外華人的多音交響：2022「東南亞社會與文
化」國際學術研討會論文集/簡光明主編.-- 初
版.-- 臺北市：萬卷樓圖書股份有限公司,
2022.12

　　面；　　公分.--(學術論文集叢書；1500028)

ISBN 978-986-478-784-5(平裝)

1.CST: 中國文化　2.CST: 文集　3.CST: 東南亞

541.26207　　　　　　　　　　　111019586